자살 유가족 치유 핸드북

KSS insight 002 • 자살 유가족 치유 핸드북

초판 1쇄 발행일 · 2025년 3월 20일

ISBN : 979-11-989502-3-9

저자 | 임삼진
후원 | 생명존중시민회의
출판 | ㈜케이에스앤에스 https://kosns.com/
　　　전화 02-739-6778
　　　등록 : 2024년 9월 5일 제2024-000106호

정가 : 20,000원

본 저작물은 저작권법으로 보호를 받는 콘텐츠입니다.
무단전재와 복제는 허용되지 않습니다.

© 임삼진, 2025

자살 유가족 치유 핸드북

임삼진 지음

차례

프롤로그 - 그분의 죽음, 당신 책임 아닙니다 _ 09

제1부 죄책감을 느낄 수밖에 없지만…
삶의 무게가 너무나 무거우시죠? _ 17
죄책감은 왜 '잘못된 생각'인가 _ 27
이제 당신의 고통을 치유할 때 _ 35
자살 유가족 권리장전과 '살 권리' _ 43

제2부 외국의 자살 유가족은 우리와 어떻게 다를까?
'말하기'로 시작된 일본 자살 유가족의 큰 변화 _ 55
하루 20만 명이 이상이 방문하는 미국의
자살자 사이버 추모관 _ 63
'유족이 말합니다' 패널과 〈자살자의 얼굴〉이라는 책 _ 79

제3부 자살 유가족, 어떻게 회복해 갈 것인가

'말하기'로 시작되는 유가족의 회복 _ 93
스스로 자신을 도와야 할 자살 유가족 _ 97
자신에게 너그러워 지세요 _ 103
지원그룹을 찾아 도움을 받으세요 _ 109
슬픔의 극복이나 애도를 서두를 필요는 없어요 _ 113
고인과 소통해 보세요 _ 117
다른 유가족의 경험을 보고 듣는 것도 좋아요 _ 125
신앙 공동체나 유가족 지원단체, 지역사회의
　　　　　　　　　　　도움을 받으세요 _ 131
마음을 다잡아야 할 명절이나 기념일, 기일 _ 141
애도의 과정 밟기 _ 147
아이들에게 "자살이었어"라고 밝히기 _ 177
사회적 외침도 치유에 도움 _ 181

부록 - 주위에서 자살 유가족의 치유 돕기_ 197

"우리는 상실의 고통을 극복하기 위한 시간이 필요합니다. 우리는 그것을 제대로 알고, 그것을 극복하기 위해 노력해야 합니다."

- 엘리자베스 퀴블러-로스, 〈슬픔과 애도: 상실의 다섯 단계를 통한 슬픔의 의미 찾기〉

| 프롤로그 |

그분의 죽음, 당신 책임 아닙니다

    자살이라는 말은 그 자체가 사람들에게 부담스러운 말입니다. 그래서 되도록 쓰지 않으려 합니다. 심지어 언론에서는 '극단적 선택'이라는 용어로 대체해서 자살이라는 표현을 쓰지 않으려 하고 있습니다. 하지만 저는 이것은 더 좋지 않은 표현이라고 봅니다. 일본처럼 자살 대신에 자사(自死)라는 표현을 사용할 수는 있다고 봅니다만 '극단적 선택'이라는 용어 자체는 적절하지 않다는 것입니다.

    자살의 원인 가운데 큰 부분을 차지하는 사회경제적 원인 혹은 잘못된 사회적 관행이나 악성 댓글 같은 엄청난 언어폭력으로 '내몰린 죽음'을 극단적 선택으로 표현하는 것은 고인의 안타까운 죽음을 마치 그가 지니고 있던 '극단적' 성향이나 문제로 인해 자살이 발생한 것이라는 뉘앙스를 풍깁니다. 이것은 상당히 심각한 왜곡입니다. 저는 그래서 자살이라는 표현이 자연스럽고, 선진국을 포함한 대다수 나라에서 확인되는 일반적인 쓰임이라는 점을 강조하고 싶습니다.

그렇지만 자살이라는 말은 그 자체가 불편함을 내포하고 있다는 것은 엄연한 사실입니다. 그런 불편함을 비롯한 여러 가지 이유로 자살 유가족들은 친척들이나 가까운 지인들에게도 "사고로 돌아가셨어요."라고 돌려 말하거나, "지병이 있었어요."라고 하며 상황을 비껴가기도 합니다.

이것은 어떻게 보면 당연한 일입니다. 자살에 대한 사회적 편견이 있고, 그 가족들을 이상한 눈으로 본다거나, 죄악시하는 사회 분위기가 존재하는 상황에서 "자살로 돌아가셨어요."라고 말하기는 그렇게 쉬운 일이 아닙니다. 사회적 편견으로 인해 자살 유가족들이 거짓말을 할 수밖에 없는 상황으로 몰려 있다고 볼 수 있는 것입니다.

그런 이유로 1년에 1만 명이 넘는 많은 사람이 자살로 세상을 떠나고 있는데, 자살 유가족은 보기 힘든 게 우리나라의 상황입니다. 유가족이 없는 것이 아니라, 드러난 유가족이 없는 것이지요.

대부분의 죽음이 그렇듯이 어느 분이 세상을 떠나 고

인이 되었을 때 장례식장에서 오가는 짧은 질문과 답변 말고는 굳이 사인(死因)을 밝히거나 널리 알리는 일은 없습니다.

사실 자살로 사랑하는 사람을 잃은 분들도 다른 죽음과 마찬가지로 상실의 아픔을 겪기 마련입니다. 요즈음에는 덜 사용되는 표현입니다만 호상(好喪)이라는 말이 있습니다. 복을 누리며 오래 사신 분이 돌아가셨을 때 사용되는 말이지요. 그러나 세상에 호상이 어디 있겠습니까. 아무리 행복하고 건강하게 오래 살다가 돌아가신 어르신일지라도 그 유가족들은 그 어르신의 죽음에 대해서도 나름의 안타까움과 아픔을 겪습니다. 세상에는 호상 같은 것은 없다는 것입니다. 그런데 이렇듯 천수(天壽)를 누리고 떠나가신 고인의 경우와 갑작스러운 자살이나 사고로 세상을 떠난 고인의 경우 그 유가족들이 겪게 되는 상실의 아픔과 충격은 그 크기와 깊이가 다릅니다. 전혀 차원이 다르다고 할 수 있습니다.

이 책은 자살로 사랑하는 사람을 잃은 유가족들에게 '무거운 책임감'에서 벗어나시라고, 왜 그래야 하는지, 어떻게 하면 그렇게 할 수 있을지를 소개해 드리기 위한 것입니다. 유가족 여러분께 이제 그 무거운 마음의 짐을 내려놓으시길 강력히 권고드립니다.

왜냐고요? 무엇보다도 중요한 것은 자살이 대부분 유가족의 책임이 전혀 아니라는 것입니다. 지극히 일부 예외가 있을 수도 있겠지만, 많은 전문가가 말하듯 자살은 사회경제적 및 문화적 원인을 비롯한 여러 요인이 결합하여 일어나는 '내몰린 죽임'이 대부분이며, 위기에 처한 고인을 지켜주지 못하는 사회 전반의 책임입니다. 그 모든 책임을 유가족이 짊어지는 것 자체가 잘못된 인식에 기초한 잘못된 일입니다. 무거운 마음의 짐을 내려놓으셔도 됩니다. 아니 내려놓으셔야 합니다. 그리고 자신을 치유하시는 쪽으로 발상의 전환을 하자는 것입니다. 여러분이 꼭 마음에 새겨야 할 것은 "그분의 죽음, 당신 책임이 아닙니다."라는 메시지입니다. 이 책 전반의 내용은 그런 맥락을 유지하고 있습니다.

유가족 여러분이 그런 무거운 마음의 짐과 부담을 진 상태에서도 애도나 회복이 무난하게 이루어질 수 있다면 계속 그대로 '자책' 속에 사신다고 해도 괜찮겠죠. 하지만 십수 년이 지나도 아예 애도 자체가 되지 않는 상황이 계속되고 있다면, 또한 남겨진 가족들 간의 갈등과 다툼, 그로 인한 결별이 이어지고 있다면 변화가 있어야 하지 않을까요?

이 책은 그 변화를 위한 이런저런 모색을 담았습니다.

유가족이 겪고 있는 여러 문제를 푸는 '정답'이 있다면 좋겠지만, 사람마다 다른 정서, 또 유가족들이 처해 있는 다른 상황은 '정답'이 있을 수 없게 합니다. 다만 참고가 될 만한 다른 자살 유가족들의 경험이나 전문가들의 조언으로부터 '나에게 그런대로 맞는 대안'을 찾을 수 있을 것입니다. 이 책은 유가족 여러분의 대안 찾기를 돕기 위해 쓰인 것입니다.

다음 그림은 미국의 워싱턴 포스트 지에 지난 2019년에 실린 한 기사의 제목입니다.[1]

The Washington Post
Democracy Dies in Darkness

Once they hid their stories. But now, survivors of suicide are 'coming out' to combat a national crisis.

By William Wan
July 29, 2019 at 9:30 a.m. EDT

우리말로 번역하면 다음과 같습니다.

'한때는 그들의 이야기를 숨겼습니다. 그러나 이제는 자살 유가족들이 국가적 위기와 싸우기 위해 '커밍아웃' 하고 있습니다.' 자살 유가족들이 당당히 자신들을 드러내고 자신의 목소리를 내고 있다는 것입니다. 물론 미국

---

1) https://www.washingtonpost.com

에서 일어난 이런 변화의 이면에는 유가족들의 움직임과 활동이 있었으리라는 것을 짐작하게 합니다. 그 과정도 살펴보겠습니다.

이 책이 자살 유가족들에게 "여러분 잘못 아닙니다." "당신은 잘못이 없어요."라는 메시지를 전하기에 여러 면에서 미흡할 수도 있습니다. 그 미흡함은 온전히 제 능력의 한계 탓입니다. 그 핵심 메시지는 아무리 강조해도 지나치지 않습니다. 자살 유가족 여러분이 자책에서 벗어나 치유의 길로 나가시길 간곡히 바라면서 그 길을 함께 걷고자 합니다.

| 제1부 |

죄책감을 느낄 수밖에 없지만…

삶의 무게가 너무나 무거우시죠?

자살은 갑작스러운 죽음입니다. 자살을 겪은 가족들의 삶은 황폐해진다는 말로 다 표현할 수 없을 정도로 달라지는 경우가 많습니다. 남겨진 사람들, 자살 유가족이 어깨에 짊어져야 할 삶의 무게는 너무나 무겁습니다.

〈너무 이른 작별〉이라는 책에서 칼라 파인(Carla Fine)은 이렇게 쓰고 있습니다. '자살은 혼란스러운 죽음이다. 정돈된 그 무엇이 아무것도 없다. 우리처럼 뒤에 남겨진 사람들의 삶은 수천 개의 작은 조각들로 부서져 흩어지게 된다. 우리는 이 황폐한 상처를 어떻게 정리해야 하는지 모른다. 우리가 사랑했던 그 사람은 자기 자신의 의지로 떠났다. 우리 곁을 영원히 떠날 준비를 하고 있었음에도, 그들은 우리에게 작별 인사를 할 기회조차 주지 않았다.'

많은 유가족이 거의 비슷한 경험을 했습니다. '아무 말없이 떠나서 작별 인사를 할 기회조차 없었다'라는 부분이 특히 그렇습니다. 고인과의 사랑이 깊었다면 그분이 남기고 간 서운함과 상처는 그만큼 더 깊습니다. 칼라 파인이 쓴 책의 영어 제목과 부제는 〈No Time to Say Goodbye - Surviving the Suicide of a Loved One〉입니다. 직역하면 〈작별할 시간이 없었어요 - 사랑하는 사람의 자살에서 살아남기〉입니다. 제목에도, 부제에도 안타까움과 간절함이 담겨 있습니다.

'너무 이른 작별' 책 표지

이 책의 저자인 칼라 파인의 남편은 40대 초반의 저명한 내과 의사였다고 합니다. 그런데 그분의 어머니와 아버지가 몇 달 사이에 병으로 세상을 떠난 후 갑자기 자살로 생을 마감하고 말았습니다. 21년을 함께 한 남편의 갑작스러운 자살로 저자가 겪게 되는 엄청난 상실의 충격과 고통, 슬픔의 무게가 이 책 속에 담겨 있습니다.

그녀가 책에서 밝힌 자살 유가족이 느끼는 압도적인 감정은 혼란, 죄책감, 수치심, 분노, 외로움 등입니다. 유가족 대부분이 그런 감정을 느끼는 것으로 알려져 있습니다. 돌발적으로 갑자기 닥쳐온 가까운 사람의 죽음은 혼란 그 자체로부터 시작됩니다.

자살 유가족들의 심경 토로

유가족 개개인들이 겪을 수 있는 다양한 감정 상태를 조금이라도 깊이 이해하기 위해 그동안 자살 유가족들이 토론회 자리나 글, 블로그나 유튜브에서 밝힌 심경을 몇 개 추려서 싣고자 합니다. 찬찬히 읽어보면 그들의 마음 가운데 있는 사랑과 아픔, 절망과 그 극복이 담겨 있음을 느낄 수 있습니다. 유가족 대부분이 이런 감정들의 많은 부분에 공감할 것입니다. 다양한 사연과 이야기를 옮기다 보니 다소 길지만, 유가족들의 얘기를 모았습니다.

"한마디 상의도 없이 마지막 인사를 할 기회도 주지 않고 그날 남편은 스스로 삶을 마감했습니다. 곁에 있었던 나는 아무것도 아니었던 걸까요. 남편의 자살로 거대한 감정의 소용돌이가 덮쳤습니다. 걷잡을 수 없이 슬픔이 밀려왔다가 참을 수 없는 분노가 치밀어 올랐습니다."

"자살은 혼란스러운 죽음입니다. 그래서 유가족의 감정은 계속 흔들립니다. 심리부검을 받고 마음이 편해진 줄 알았습니다. 치미는 분노는 잦아들었지만, 다른 감정, 죄책감이 찾아왔습니다. 남편이 뭔가 신호를 보내지는 않았을까. 남편의 자살을 막을 수는 없었을까. 계속 되물었습니다. 남편의 결정이었다 해도 자꾸 스스로를 탓하게 됩니다."

"갑작스러운 죽음이었습니다. 마음의 준비가 전혀 안 된 상태로 갑작스러운 작별을 한 것입니다. 마지막 인사를 해야 떠나보낼 수 있습니다. 남편은 무슨 말이 듣고 싶었을까요. 남편이 늘 나한테 자기를 이해해 달라는 소리를 많이 했거든요. 아픈 아들에 대한 걱정, 가장으로서의 부담감, 남편이 느꼈을 마음이 온전히 느껴집니다…"

"남편의 자살로 평범한 삶은 끝이 났습니다… 그런데 남편의 삶 전체가 자살로만 규정됐습니다. 사람들은 자살만 기억합니다. 남편으로서 아빠로서 어떤 삶을 살았건 가치 없는 것으로 치부했습니다. 그럴 때면 가족의 삶까지 부정당하는 것 같았습니다. 남편을 기억하면 안 된다고 말하는 거 같습니다. 남편이 죽어가는 걸, 내가 구할 수 있었는데... 내가 구하지 못했던 게 얼마나 뒤에 회한으로 남았는지... 마치 내가 큰 형벌을 받게 된 사람처럼 느껴졌죠."

"세상 누구보다 잘 안다 생각했는데, 남편의 자살을 막지 못했습니다. 왜 그 순간을 그냥 지나쳤을까. 왜 더 묻지 않았을까. 모두 내 잘못 같습니다. 주변의 사소한 말 한마디도 비난처럼 들려왔습니다. 자살에 대한 편견은 엄청납니다. 가족에게 일이 생기면 다 가족 책임이라고 하잖아요. 아, 그래 내 탓이야. 내 탓이기 때문에... 내가 감히 바깥에 나와서 (남편의 죽음을) 말할 수 없어요..."

"2009년부터 매년 엄마가 돌아가신 날이면 누군가 나에게 묻길 바랐다. "엄마 보러 갈래?" "제사 지내는 게 낫지 않겠니?" "기분은 좀 괜찮니?" 뭐, 아무 말이든 오늘이 바로 그 날임을 알고 이야기하는 누군가 있기를 기다렸다. 그러나, 2016년 오늘까지 그런 일은 일어나지 않았다... 우리가 서로 모르는 척하는 것인지, 아니면 잊은 것인지는 서로에게 비밀이다. 나는 기일 당일에 한 번도 엄마를 찾아간 적이 없다. 찾아가다가 되돌아온 적은 있어도."

"동생이 먼저 하늘로 떠나버려서 여기저기 글 찾아다

니다가 알게 됐네요. 힘드신 글 써주셔서 감사합니다. 이 기분을 누가 알아줄까요. 같은 일을 겪은 사람들뿐이겠죠. 종종 지인들이 쉽게 내뱉는 말, 공감 못하고 하는 이야기들에 숨이 막히기도 합니다..."

"그래, 아빠는 자살했다. 주위 사람들과 대화하다가도 가족 이야기가 나오면 입을 다문다. 내 사정을 아는 이들조차 아빠가 자살한 상황을 알지 못한다. 또래 친구들은 자살을 쉽게 입에 담는다. 아빠가 없어도 살아야 하기 때문에 돈을 벌고 밥을 먹는다. 그러나 가슴 한구석은 아직도 텅 빈 느낌이다. 나는 이 커다란 구멍을 안고 평생을 살아야 하는 걸까."

"편견이 너무 강하다 보니까 유가족이 다 숨어 있는 느낌이에요. OECD 자살률 1위라고 하는데 유가족이 없어요. 그래서 나만 있는 것 같아요."

몇 분의 이야기를 옮겨보았는데요, '나랑 비슷한 경험을 했네' 혹은 '어쩜 내가 겪은 것과 똑같네'라는 생각이 드는 사례가 있을 수도 있고, 아닐 수도 있습니다. 개개인의 경험이나 환경이 다를 수 있으니까요.

여러 형태로 표현된 자살 유가족이 느끼는 감정은 쉽게 일반화시키기 어려울 만큼 복잡하고 다양합니다. 감정의 기복이 그리는 형태도 다양합니다. 분노와 울분부터 느끼는 사람이 있는가 하면, 자책과 책임감으로 오랫동안 시달리는 분들도 있습니다. 모두에게 공통된 것은 그 충격이 너무나 커서 감당하기 힘들다는 것입니다.

"나는 다른 사람이 되었어요."

동생을 자살로 잃은 21세의 한 미국인 자살 유가족은 그녀의 유튜브 고백에서 이렇게 말합니다. "내 동생이 자살로 생을 마감한 후 엄마도, 나도, 내 남동생도 이전의 그 사람이 아닙니다. 전혀 다른 사람이 되었어요."[2] 이렇게 표현할 정도로 사랑하는 사람의 자살이 미치는 충격이 큽니다.

더욱이 자살 유가족이 겪는 충격은 오랫동안 계속되는 경우가 많습니다. 십수 년 전에 자살로 남편을 잃은 유가족과 대화를 나누다 보면 남편 이야기를 하면서 눈물을 글썽이는 경우가 대부분입니다. 오랜 시간이 흘렀음에도 불구하고 당시에 느꼈던 안타까움과 아쉬움이 생생히 남아있는 것입니다. 가족의 자살을 목격하거나 사체를 발견하거나, 자살이 이루어진 그 공간에서 생활해야 하는 유가족은 심각한 외상후스트레스장애(PTSD)를 경험하

---

2) Lidia's Story: A Suicide Loss Survivor Speaks Out

기도 합니다.

  자살 유가족들은 가까운 사람이 스스로 죽음을 선택하는 것을 보면서 거부와 포기, 배제의 감정을 경험할 수 있습니다. 배우자가 자살한 유가족 중에는 결혼을 가장 친밀한 관계로, 자살을 가장 궁극적인 거부로 인식하는 분도 있습니다. 자살로 부모를 잃은 아이들은 기본적인 필요를 가장 의존했던 그 사람이 자신을 버렸다고 느낌으로써 장애를 느끼기도 합니다.3)

ⓒ 자살유가족과따뜻한친구들

2024 세계 자살 유가족의 날 행사 모습

---

3) Sampurna Chakraborty, Susmita Halder 2018, Psychological sequelae in suicide survivors: A brief overview.

자살 유가족 수기 공모에 참여한 어느 유가족의 메시지에는 가슴 저린 아픔이 응축되어 있습니다.

"우리는 서로 자기 탓을 했다. 내가 더 잘할걸. 내가 너무 속을 썩여서. 남은 것은 끝없는 자기비하와 고통뿐. 3년이라는 시간 동안 잊은 줄 알았지만, 현실에 묻혀 보이지 않았을 뿐. 아빠의 자살은 그 글자가 지워지지도 않고 오히려 시간이 가면 갈수록 더 진하게 남아 있다. 나같이 수기를 쓰신, 남아 계신 분들에게 묻고 싶다. '어떻게 이겨내셨어요.'"

이 글에는 깊은 고통과 슬픔을 담겨 있습니다. 유가족으로서의 아픔과 그 과정에서의 자기 비하, 죄책감 등이 엿보입니다. 이런 아픈 현실을 꿋꿋하게 견뎌오신 유가족 여러분께 무슨 말씀인들 위로가 되겠습니까? 고생 많이 하셨습니다. 제가 느끼는 연민을 표현하기 쉽지 않지만, 그 고통과 죄책감이 얼마나 깊고 무거운지 이해하려고 애써 봅니다.

다만 그 아픔 속에서 스스로를 너무 탓하지 마시길 바란다는 말씀을 드립니다. 또한 조금씩 나아질 수 있다는 믿음의 끈도 놓지 않으시길 바랍니다.

이제는 그 힘든 시간을 혼자서 견디시지는 않으시길 바랍니다. 여러분과 함께 여러분의 치유와 회복을 이런저런 방식으로 모색하고자 합니다. 이 과정에서 여러분의 마음이 조금이나마 편해지시길 바라면서 한 걸음씩 걸어가고자 합니다.

죄책감은 왜 '잘못된 생각'인가

미국에서 발간된 〈자살 유가족 핸드북(A Handbook for Survivors of Suicide)〉[4]은 일반적인 죽음과 자살의 차이를 다음과 같이 쓰고 있습니다.

"죽음은 우리 삶의 모든 것을 건드립니다. 연세가 많으신 친척의 죽음처럼 예상되는 죽음이 있는가 하면, 비극적인 사고의 형태로 갑자기 죽음이 찾아오기도 합니다. 그런데 자살은 다릅니다. 당신이 잃은 고인이 죽음을 선택한 것처럼 보이는데, 그 단순한 사실이 남겨져서 슬퍼하는 사람들에게는 전혀 다른 세상을 만듭니다. 자살 유가족들은 죽음을 슬퍼하는 사람들과 유사한 정서에 직면하지만, 슬픔에 더하여 다소 독특한 일련의 고통스러운 감정(a somewhat unique set of painful feelings)에

---

[4] Jeffrey Jackson, A Handbook for Survivors of Suicide, American Association of Suicidology, 2015

직면합니다."

이 〈자살 유가족 핸드북〉은 자살 유가족이 직면하게 되는 고통스러운 감정들 가운데 주요한 것으로 다음 네 가지를 꼽고 있습니다.

유가족이 느끼는 고통스러운 감정 네 가지

- **죄책감** 다른 죽음에서 우리는 책임감을 느끼는 경우가 거의 없습니다. 질병, 사고, 노령… 우리는 본능적으로 우리가 이러한 것들을 일으키거나 통제할 수 없다는 것을 압니다. 하지만 자살 유가족은 비록 그들이 고인의 삶에서 멀리 떨어져 있었을지라도, 그들이 자살을 막기 위해 무언가를 했을 수도, 할 수 있었을 수도, 해야만 했을 지도 모른다고 항상 느낍니다. 이러한 잘못된 생각은 자살 유가족의 가장 큰 적입니다.
- **낙인** 사회는 여전히 자살에 낙인을 찍고 있는데요, 그것은 상당히 잘못된 것입니다. 유가족들은 대개 동정과 공감을 받는 데 비해, 자살 유가족은 비난, 판단 또는 배제에 직면할 수 있습니다.
- **분노** 잃어버린 사랑하는 사람에게 어떤 형태로든 분노를 느끼는 것은 드문 일이 아니지만, 자살 유가족들에게는 분노가 증폭됩니다. 우리가 잃은 사람은 그 잃은 사

람을 죽인 사람이기도 하니까요, '애증(love-hate)' 관계라는 용어에 새로운 의미를 부여합니다.

- **단절** 사랑하는 사람이 병이나 사고로 세상을 떠났을 때, 그들에 대한 행복한 기억을 간직하는 것은 어렵지 않습니다. 우리는 그들이 선택할 수 있다면, 여전히 우리와 좋은 마음으로 함께 잘 지내고 있을 거라고 여깁니다. 하지만 자살 유가족에게는 그게 쉽지 않은 일입니다. 사랑하는 사람이 우리에게 혐오스러운(adhorrent) 선택을 한 것처럼 보이기 때문에, 우리는 그들의 기억으로부터 단절되고 '결별'을 당했다고 느낍니다. 우리는 그들과 갈등을 겪고 있고, 우리는 그 갈등을 혼자서 해결하도록 남겨져 있습니다.

죄책감은 자살 유가족의 가장 큰 적

유가족 여러분이 앞에서 다룬 '죄책감' 부분을 다시 한 번 보시길 권합니다. **'그들이 자살을 막기 위해 무언가를 했을 수도, 할 수 있었을 수도, 해야만 했을지도 모른다고 항상 느낍니다.'** 이와 조금 다르게 **'그들이 자살을 막기 위해 무언가를 하지 않았을 수도, 하지 않았어야 했을지도 모른다고 느끼는** 유가족들도 있습니다. 미국의 〈자살 유가족 핸드북〉이 강조하듯 **이러한 잘못된 생각은 자살**

유가족의 가장 큰 적입니다. 여기서 이런 죄책감이 왜 '잘못된 생각'일까요?

〈자살 유가족 핸드북〉이 다룬 '독특한 일련의 고통스러운 감정'의 전부 또는 일부가 자살 유가족들이 겪는 감정 상태입니다. 고인과의 애착이 컸다면 고통이나 아픔의 깊이도 더 클 것입니다. 하지만 그 감정의 골이 과도하게 깊다면 그만큼 애도는 어려워질 수 있을 것입니다.

미국의 자살 유가족 핸드북과 일본의 '자살 유족을 지원하기 위하여 – 상담자를 위한 지침' 표지

일본에서 발간된 〈자살 유족을 지원하기 위하여 - 상담자를 위한 지침〉5)이라는 자료집에 정리된 자살 유가족에게 일어날 수 있는 반응을 그대로 인용해 봅니다.

[마음의 반응]

질문 · 아연실색 "왜 자살했어?"

부인 "자살했다니, 믿을 수 없어."

다른 사람에 대한 책망 "@@ 때문에 자살한 거야, 저 녀석이 원인이야."

후회 · 죄책감 "그때 알았다면…" "나 때문에 자살했어." "나만 살아 즐거운 생각을 하고 있다니 미안해."

불명예 · 굴욕 "@@가 자살한 건 알고 싶지도 않아. 말할 수 없어."

불안 "언젠가 나도 자살해 버리는 걸까?"

안심 · 구제 "솔직히 마음이 놓여." "안심이야."

분노 "마음대로 죽다니 비겁해."

자기 자신을 낯설게 느끼거나 자기로부터 분리, 소외된 느낌이 듦(이인감, 현실감을 상실해 자기 일이 아니라

---

5) 厚生労働省(2009), 自死遺族を支えるために-相談者のための指針, 平成20年度厚生労働科学研究費補助金 こころの健康科学研究事業自殺未遂者および自殺者遺族等へのケアに関する研究

고 느낌)

우울증(몹시 우울해 함·자신감을 잃게 됨·자신은 쓸모없는 인간이라고 느끼거나 사는 게 의미가 없다고 느낌)

행복감의 상실(행복하다고 느끼지 않게 됨·미래에 희망을 품을 수 없게 됨·어떤 일이든 비관적으로 생각함)

감정의 마비(아무것도 느껴지지 않음·슬픔조차 느끼지 않음·즐길 수 없음)

대인관계가 어려워짐(주변 사람들과의 관계에서 친밀감을 느낄 수 없게 됨·사람들과 잘 어울릴 수 없게 됨·주위로부터 고립되는 경향)

[신체의 반응·변화]
식욕의 변화(식욕이 없어짐·과식)

체력 저하(피로·체중 감소·감기에 걸리기 쉬워짐)

수면의 변화(잘 수 없게 됨·잠들기가 어려워짐·도중에 깨어남·너무 일찍 잠이 깸·악몽 등)

불안·긴장(자신도 자살하는 것이 아닐까 하는 불안감·자살 장면이 눈앞에 떠오름·혼자 있는 게 무서워짐)

생활 능력의 저하(생기가 없고 활달할 수 없게 됨·집중력 저하·업무나 가사, 외출, 일상적인 활동 능력이 저

하됨) 위장의 부진(복통 · 설사 · 변비 등)

미국과 일본에서 발간된 자살 유가족 관련 자료들에서 압축적으로 정리된 자살 유가족의 정서와 감정들을 우리나라의 유가족들도 거의 비슷하게 느끼고 있습니다.

ⓒ 자살유가족과따뜻한친구들

자살 유가족 자조모임 모습

자살 유가족 여러분이 위에 정리한 반응들이 자신들에게 나타나고 있나요? 그렇다면 그것을 지극히 정상적이고 자연스러운 일이라고 이해하고 받아들여야 합니다. 자살이라는 '특별한 사건'을 겪은 사람에게 나타나는 자연스러운 반응이지, 내가 이상해서 겪는 게 아니라는 것입니다. 그리고 주변에서 힘들어하는 자살 유가족이 있다면 그런 현상들이 '자연스러운 반응'이라는 것을 전하는 것도 좋습니다.

그런데 걷잡을 수 없는 슬픔, 분노와 더불어 찾아오는 죄책감까지 복합적인 감정이 소용돌이치지만, 이런 감정과 정서가 일률적이고 동일하게 나타나는 것은 아니며 유가족 개개인에 따라 상당히 다르게 나타난다는 점에 유의해야 합니다. 앞에서 조금은 도식적으로 정리한 자살 유가족들의 심경을 그분들의 육성으로 들어보면 격정적인 분노에서부터 고인의 죽음에 대한 수긍이나 이해에 이르기까지 무척 다양합니다.

오랫동안 자살 유가족들과 자조모임을 함께해 온 '자살유가족과따뜻한친구들' 김혜정 대표는 "자살 유가족이 느끼는 감정은 정말 다양하고, 고인이 누구인가에 따라, 또 그 자살이 어디서 어떻게 이루어졌느냐에 따라 천차만별이며 그 어떤 사람도 동일하게 나타나지는 않는다."라고 말합니다. 섣불리 일반화하고 단정하는 것은 상당히 위험하고 잘못된 일이라는 것을 알 수 있습니다. 소위 전문가들이라는 분들에게서도 이따금 이런 오류가 나타나는데요, 획일화나 지나친 일반화에 빠지지 않도록 유의해야 합니다.

이제 당신의 고통을 치유할 때

"당신이 잃어버린 그의 고통은 끝났습니다. 이제 여러분의 치유를 시작할 때입니다."

미국에서 만들어진 〈자살 유가족 핸드북(A Handbook for Survivors of Suicide)〉 첫 페이지에 나오는 글귀입니다.

그분의 고통은 끝났습니다. 그러니 이제 당신의 치유, 더 정확하게 번역하면 '당신이 겪고 있는 고통의 치유'를 시작할 때라는 말입니다. 자살로 생을 마감한 고인의 고통이 끝나면서 유가족의 고통은 시작되고, 유가족은 전혀 다른 세계에 접어들게 된다는 것을 앞에서 살펴보았습니다. 이 핸드북은 이제는 자살 유가족이 스스로 자신의 치유에 나설 때라는 것을 강조합니다.

대부분의 자살 유가족들은 자살자의 고통을 자기 것으로 가져다가 아주 깊이 느끼는 것은 물론이고, 자살자의 고통을 알아차리지 못한 데 대한 미안함, 그 고통에 함께 하지 못한 데 대한 죄책감에 시달립니다.

이미 끝난 그분의 고통

하지만 돌아가신 그분의 고통은 이미 끝났습니다. 이 사실을 명확하게 인식할 필요가 있습니다. 자살 유가족이 죄책감을 일정 시간 동안 어느 정도 느끼는 것은 일반적이고 자연스러운 일이지만, 거기에 붙들려 지나치게 오래도록 죄책감에 사로잡혀 있다면 이를 방치할 것이 아니라, 치유에 적극적으로 나서야 합니다. 미국의 〈자살 유가족 핸드북〉은 이 치유의 결단을 강하게 권고합니다.

자살 유가족이 왜 자신의 아픔과 상처를 치유하는 데 나서야 할까요? 당신이 사랑했던 그 사람은 자신의 삶을 마감했습니다. 그분이 삶을 마감하면서 그분의 고통은 끝이 났지만, 그때부터 당신에게는 상상하기 어려운 고통이 찾아왔습니다. 우리는 이렇게 자살자 주변에 남겨진 가족과 친지들을 자살 유가족이라고 부릅니다. 그런데 미국을 비롯한 여러 나라에서는 이 자살 유가족을 '자살 생존자(suicide survivor)'라고 부르기도 합니다. 생존자? 언뜻 듣기에 조금은 부담스럽고, 달갑지 않게 느껴지는데요, 더구나 자살을 시도했다가 생존한 사람들과 혼동될 우려가 있음에도 이 표현을 사용하는 것은 왜일까요? 사랑하는 사람의 자살이 남기고 가는 상황이 그만큼 고통스럽고, 견디기 어렵다는 그런 뉘앙스를 담고 있는 것으로 볼 수 있습니다. 자살 유가족들은 앞에서 살펴보았듯이, 슬픔은 물론이고 여러 면에서 독특한 죄책감과 혼란스러움, 감정적 혼돈이라는 도전 속을 걸어가야 합니다.

유가족의 생존(survival)에서 무엇보다 중요한 것이 바로 감정적 생존인데요, 이 감정적 생존은 유가족이 자살이라는 비극에 대처하는 법을 얼마나 잘 배우고 자기의 삶에 적용하느냐에 달려 있습니다.

미국의 〈자살 유가족 핸드북〉은 '나쁜 소식(bad news)'과 '좋은 소식(good news)'으로 구분하여 유가족이 처한 상황을 표현합니다.

- 나쁜 소식: 여기서 살아남는 것은 당신의 삶에서 두 번째로 최악의 경험이 될 것입니다.
- 좋은 소식: 최악의 상황은 이미 끝났습니다.

두 개의 '소식' 속에 많은 함축이 담겨 있습니다. 자살 유가족이 견디는 상황은 인간의 경험 세계에서 겪을 수 있는 가장 힘겨운 상황 중 하나라는 것입니다. 특히 사건 후 몇 주와 몇 달 동안, 유가족들은 다른 어떤 것들로도 경험할 수 없었던 전혀 다른 차원의 '감정의 롤러코스터'를 타게 됩니다. 이런 이유로 자살이라는 소식을 처음 접했을 때가 최악의 상황이고, 그 상황이 지나간 뒤에는 '두 번째로 최악의 경험이 될 것'이라 말하는 것입니다. 최악은 아닐지라도 여전히 만만치 않게 힘들 것이라는 의미를 담고 있지만, 다행히도 최악의 상황은 이미 끝났다는 것을 강조합니다. 최악의 상황이 끝났다는 것은 더는 나빠질 것은 없다는 것이지요. 이것이 미국의 유가족에게만 해당되는 것은 아닐 것입니다.

세계 자살 유가족의 날 행사 포스터(미국)

여러분의 목표는 극복입니까, 평화입니까

여기서 한 가지 중요한 것이 있는데요, 바로 자살 유가족의 목표 설정입니다. 고통과 슬픔에서 벗어나고자 하는 유가족의 바람직한 목표가 '극복'일까요? 아니면 '평화'일까요. 이 부분은 깊이 생각해 볼 필요가 있습니다. 어떤 목표를 설정하든 상관이 없고 선택의 자유이지만, 제가 강조하고 싶은 결론은 '평화'입니다.

자살 유가족들이 "이 상황을 극복하는 데 얼마나 걸릴까요?"라고 상담사나 다른 유가족, 혹은 자신에게 물을 수도 있습니다. 미국의 〈자살 유가족 핸드북〉은 말합니다. "여러분은 절대로 이 문제를 '극복'하지는 못할 것입니다. 하지만 그렇다고 낙담하지는 마세요. 만약 바이러스처럼 우리가 이 문제를 쉽게 극복한다면 우리는 어떤 부류의 사람이 될까요? 여러분의 희망은 이 문제에서 잘 벗어나면서, 여러분의 상실을 적절하게 바라보고, 지금 여러분 앞에 놓여 있는 여러분의 삶을 있는 그대로 받아들이는 데 있습니다. 만약 그렇게 할 수 있다면, 여러분이 추구하는 평화가 찾아올 것입니다."

극복은 아니지만, 있는 그대로 상황을 받아들이게 되면서 찾아오는 평화, 이것을 목표로 제시하고 있습니다. 저는 합리적인 대안이라고 봅니다.

'극복'인가 '평화'인가, 이 둘의 차이는 단순한 표현의 차이가 아닙니다. 인식의 변화를 전제로 한 상당히 중요한 차이입니다. 이겨내려고 애쓰기보다 내가 존재하는 '지금 이 현실'을 인정하고 그런대로 잘 살아가는 쪽을 택하는 것이지요. 둘 중에서 어떤 쪽을 선택하느냐에 따라 유가족이 얻게 되는 회복의 질과 속도가 달라질 것입니다. 이와 관련된 자살 유가족의 애도에 관한 것은 이 책의 제3부에서 상세히 다루게 됩니다.

난처한 질문에는 미리 쓴 대본으로 대응해 보세요

여기서 잠시 돌아가신 분의 죽음에 관한 난처한 질문에 어떻게 대처해야 하는가를 잠시 생각해 보려고 합니다. 갑작스럽게 맞닥뜨리게 되는 불편한 질문들은 유가족들을 곤혹스럽게 만드는 것을 물론이고 때론 아물어가던 상처를 건드리기도 합니다.

"직접 대본(혹은 원고)을 쓰세요(Write yourself a script)."

미국의 〈자살 유가족 핸드북〉에 나오는 팁입니다. 이 핸드북에 있는 내용을 그대로 우리말로 옮기면 다음과 같습니다.

자살 유가족들은 종종 다른 사람들로부터 불편한 질문

에 직면하게 됩니다. 이런 질문들 가운데 일부를 예상하고 스스로 미리 작성한 답변의 '대본'을 맘속에 가지고 다닌다면 도움이 될 것입니다.

가령 그렇게 가까운 사이가 아닌데 누군가가 여러분과 자살에 대한 불편하고 세부적인 내용을 파헤치려 할 때, 여러분은 그냥 "지금은 그걸 이야기하고 싶지 않습니다."라고 하거나 "우리가 더 즐겁게 나눌 수 있는 다른 얘깃거리가 있지 않나요?"라고 말해도 괜찮습니다. 새로 알게 된 지인들이 당신이 가까운 사람을 잃었다는 사실을 알게 되면 "어떻게 떠나셨습니까?"라고 물을 수도 있을 것입니다. 이때 "그가 스스로 목숨을 끊었어요."라거나 "그가 자살했어요."라고 솔직하게 말하는 것을 주저하지 말아야 합니다.

하지만 만약 이런 세세한 정보를 굳이 알아야 할 이유가 없는 지인이라면, "그에게 지병이 있었어요."라고 말하는 것도 똑같이 정당할 것입니다. 이것은 실제 사실이기도 하고요. 이런 종류의 질문이 두려울수록, 답변을 위해 미리 준비한 '대본'이 있다면 여러분에게 도움이 될 것입니다.

이런저런 상황들에 대한 맞춤형 대본을 준비해 둔다면 유가족 여러분이 불필요한 상처를 입게 될 가능성을 그

만큼 줄일 수 있을 것입니다. 맞춤형 대본을 나를 지키는 일종의 '방패'로 사용할 수 있다는 것입니다. 자살 유가족에게는 그 무엇보다 '평화'가 소중하니까요.

자살 유가족 권리장전과 '살 권리'

유가족 여러분이 '자신의 치유'를 결심하는 데 도움이 될 만한 한 가지를 더 소개하고자 합니다. '자살 유가족 권리장전'이 있다는 걸 들어보신 적이 있습니까? 아마도 많은 분들이 "그런 게 있나요? 처음 들어봐요."라고 하실 것입니다. 하지만 자살 유가족 권리장전이 있습니다. 먼저 자살 유가족의 권리에 어떤 것들인지 살펴볼까요?

〈자살 유가족 권리장전〉
나는 죄책감에서 벗어날 권리가 있다.
나는 자살에 대한 책임을 느끼지 않을 권리가 있다.
내 감정과 느낌을 다른 사람들이 받아들이지 않는다고 해도, 그것이 다른 사람의 권리를 침해하지 않는 한, 나는 내 감정과 느낌을 표현할 권리가 있다.

나는 내 가족이나 당국으로부터 나의 질문들에 대해 정직한 답변을 들을 권리가 있다.

다른 사람들이 내 슬픔을 덜어줄 수 있다고 생각하면서 나를 속이는 일을 당하지 않을 권리가 있다.

나는 희망을 유지할 권리가 있다.

나는 평화와 자존감을 가질 권리가 있다.

나는 자살이나 자살 이전의 사건에 상관없이 내가 자살로 잃어버린 사람에 대해 긍정적인 감정을 가질 권리가 있다.

나는 나의 개성을 간직할 권리가 있으며, 자살로 인해 판단을 받지 않을 권리가 있다.

나는 내 감정을 정직하게 파악하여, 수용하는 과정으로 나아갈 수 있도록 도와줄 상담(카운셀링)과 지원 그룹을 찾을 권리가 있다.

나는 인정 받을 권리가 있다.

나는 새로운 시작을 할 권리가 있다.

나는 살 권리가 있다.

이 권리들을 읽어보신 느낌은 어떻습니까. 새겨서 일상에 적용할 만한 내용들이 참 잘 정리되어 있지 않나요? 저는 이 권리장전을 만드신 분들이 자살 유가족들의 상황을 잘 이해하고 있을 뿐만 아니라, 유가족들이 세상의 이런저런 압박에 맞서 어떻게 견뎌내야 할지를 온전히 제시하고 있다고 봅니다.

여러분께서는 열거된 여러 권리 가운데 어떤 권리가 가장 소중하다고 생각되시나요? 이 권리들을 이런 식으로 정리한 것은 어떤 의미가 있는지 생각해 봅니다.

우선 이렇게 자살 유가족들의 권리를 정리한다는 것 자체가 유가족들이 이 권리들을 제대로 누리지 못하고 있음을 나타내는 것은 아닐까요? '자살 유가족 권리장전'은 이런 상황을 바꾸자는 의지를 담아낸 것으로 보입니다.

자살 유가족의 권리를 하나로 압축하면 '살 권리'

자살 유가족이 짊어지고 있는 무거운 마음의 짐과 족쇄에서 벗어나자는 강한 의지를 권리 선언의 방식으로 담은 것입니다. 저는 위에 나열된 여러 권리가 마지막 줄에 표현된 '나는 살 권리가 있다'로 응축될 수 있다고 생각합니다.

제가 몇몇 유가족들에게 이 권리장전이 어떠냐, 어떤 권리가 가장 마음에 와닿느냐고 질문을 던져보았습니다. 어느 유가족 한 분이 "살 권리가 정말 중요하다고 생각됩니다. 그 무엇보다 중요한 게 '사는 것'이잖아요."라고 말하는 것을 들은 적이 있습니다. 나열된 모든 권리는 '살 권리'를 지키기 위한 세부 권리들이라고 할 수 있겠지요. 저는 이 권리들을 다음 6개로 축약할 수 있다고 봅니다.

- 죄책감이나 책임감에서 벗어나 자유로워질 권리
- 진실을 알 권리
- 내 생각을 말하고, 판단을 당하지 않고, 인정받을 권리
- 희망과 자존감을 가질 권리
- 자살한 고인에 대해 긍정적인 감정을 가질 권리
- 상담과 지원 그룹을 찾아 새로운 시작을 할 권리

이들을 하나로 압축하면 '살 권리'라고 정리할 수 있겠는데요, 그 유가족 개개인이 처한 상황, 또 시간의 경과에 따라 중요하게 여겨지는 권리나 무게감이 달라질 수 있고, 다르게 축약될 수 있을 것입니다.

권리장전을 다시 번역해서 발표할 수밖에 없었던 이유
우리나라에서도 상당히 오래전부터 이 자살 유가족 권리장전이 몇몇 기관이나 개인에 의해 소개된 적이 있습니다. 그렇지만 저는 이 '자살 유가족 권리장전'을 새롭게 번역해서 지난 2021년 11월 제가 일하고 있는 시민단

체 '생명존중시민회의'의 이름으로 다시 발표했습니다. 굳이 그렇게 한 것은 이전에 국내에 소개된 '자살 유가족 권리장전'이 미국에서 만들어진 원문에 충실하기보다 임의로 편집되거나 삭제되고, 오역으로 말미암아 그 핵심 취지를 충분히 전달하지 못한다고 판단했기 때문입니다. 그래서 미국에서 JoAnn C. Mecca에 의해 지난 1984년 처음 만들어진 당시의 권리장전을 영어 원문 그대로 번역, 소개하게 된 것입니다.

변화될 수 있는, 아니 변화되어야 할 유가족의 삶

자살 유가족 권리장전이 만들어졌다는 것은 현실에서 많은 유가족이 이 권리들을 제대로 누리지 못하고 있음을 역설적으로 표현한 것으로 볼 수 있습니다.

"현실에서 많은 자살 유가족들은 죄책감과 자살에 대한 무거운 책임감에 시달리며 살아간다. 또 자신이 느끼는 감정을 솔직하게 표현하지 못하며, 희망과 평화, 자존감을 박탈당한 채 살아가야 한다. 자살과 관련한 진실을 알지 못하는 경우도 적지 않다, 자살이라는 이유만으로 고인의 삶을 송두리째 부정해야 하며, 유가족은 섣부른 판단의 대상이 되기도 한다. 적당한 상담 기회나 지원 그룹을 찾지 못하는 경우도 많다. 이러다 보니 새로운 시작은 엄두를 내지 못한 채 힘겹게 삶을 영위해 나가야 한다. 이것이 자살 유가족의 삶이다."

이런 유가족의 삶은 근본적으로 변화되어야 한다는 것, 그리고 변화될 수 있다는 것. 그것이 '자살 유가족 권리장전'이 만들어진 취지입니다.

"자살 유가족들이 죄책감에서 벗어나 가족들과 친구들이 함께 하면서 정서적, 경제적인 지원이 이루어질 때 비교적 빠르게 회복될 수 있어요. 진실을 알 권리를 포함해서 자살 유가족 권리장전의 내용 하나하나가 너무나 소중한 것들입니다. '살 권리'를 말할 때 눈물을 흘리는 유가족들도 있어요."라고 한 유가족이 말하는 것을 들은 적이 있습니다.

자살 유가족들은 사회의 비난과 몰이해, 억측을 감수해야 하는 경우가 적지 않습니다. 자살 유가족 권리장전에는 자살이라는 사회적 아픔을 함께 치유하고 회복의 길로 나아가는 나침판이 담겨 있습니다. 자살 유가족 권리장전에는 새로운 미래로 나아가기 위해 무엇부터 해야 할지 그 방법도 담겨 있습니다.

자살로 사랑하는 사람을 잃으셨다면 권리장전의 13개 권리를 마음속에 새겨 두시길 권합니다. 독일의 법학자인 루돌프 폰 예링은 그의 책 〈권리를 위한 투쟁〉에서 "권리 위에 잠자는 자, 보호받지 못한다."라는 유명한 말을 남겼습니다. 자신의 권리를 주창하고 찾지 않으면 그 권리는 내 것이 될 수 없고, 권리가 보장하는 보호 장치나 혜택을 누릴 수 없다는 것입니다. 자기가 누릴 권리는 스스로 깨닫고 당당하게 찾아 나가야 한다는 것이지요.

자살 유가족 권리장전

- 나는 죄책감에서 벗어날 권리가 있다.
- 나는 자살에 대한 책임을 느끼지 않을 권리가 있다.
- 내 감정과 느낌을 다른 사람들이 받아들이기 어렵다고 해도, 그것이 다른 사람의 권리를 침해하지 않는 한, 나는 내 감정과 느낌을 표현할 권리가 있다.
- 나는 내 가족이나 당국으로부터 나의 질문들에 대해 정직한 답변을 들을 권리가 있다.
- 다른 사람들이 내 슬픔을 덜어줄 수 있다고 생각하면서 나를 속이는 일을 당하지 않을 권리가 있다.
- 나는 희망을 유지할 권리가 있다.
- 나는 평화와 자존감을 가질 권리가 있다.
- 나는 자살이나 자살 이전의 사건에 상관없이 내가 자살로 잃어버린 사람에 대해 긍정적인 감정을 가질 권리가 있다.
- 나는 나의 개성을 간직할 권리가 있으며, 자살로 인해 판단을 받지 않을 권리가 있다.
- 나는 내 감정을 정직하게 파악하여, 수용하는 과정으로 나아갈 수 있도록 도와줄 상담(카운셀링)과 지원 그룹을 찾을 권리가 있다.
- 나는 인정 받을 권리가 있다.
- 나는 새로운 시작을 할 권리가 있다.
- 나는 살 권리가 있다.

JoAnn C. Mecca(1984), 생명존중시민회의 옮김(2021)

깊은 의미가 담겨 있는 소중한 권리들

제 번역 능력의 한계나 언어가 가진 고유한 뉘앙스 등을 참고하시도록 '자살 유가족 권리장전'의 영어 원문을 그대로 가져 왔습니다.

⟨Suicide Loss Survivors' Bill of Rights⟩

I have the right to be free of guilt.

I have the right not to feel responsible for the suicide death.

I have the right to express my feelings and emotions, even if they do not seem acceptable, as long as they do not interfere with the rights of others.

I have the right to have my questions answered honestly by authorities and family members.

I have the right not to be deceived because others feel they can spare me further grief.

I have the right to maintain a sense of hopefulness.

I have a right to peace and dignity.

I have the right to positive feelings about the one I lost through suicide, regardless of the events prior to or at the time of the death.

I have the right to retain my individuality and not be judged because of the suicide death.

I have the right to seek counseling and a support group to enable me to honestly explore my feelings to further the acceptance process.

I have the right to reach acceptance.

I have the right to a new beginning.

I have the right to be.

자살 유가족에게 힘과 용기를 불어넣어 주는 권리장전

이 '자살 유가족 권리장전'이 유가족들에게 어떤 역할을 하고 있는지는 미국의 자살 유가족 단체 '희망의 연대(Alliance of Hope)' 홈페이지의 '자살 유가족 권리장전에 대한 46가지 생각'을 보면 알 수 있습니다.[6] 그 중에서 몇 개를 소개하면 다음과 같습니다.

"이 권리장전이 딱 제게 필요한 타이밍에 제게 왔네요. 감사합니다."(Veronica Torrez)

"격려의 말씀에 감사드립니다. 많은 경우 머리가 어지럽고, 어디로 가야 할지 모르겠는데, 이 권리장전을 통해 제가 직면하는 문제에 대한 관점을 얻을 수 있었습니

---

6) https://allianceofhope.org/suicide-loss-survivors-bill-of-rights

다."(Kelly Witt)

"예! 아버지가 자살한 지 5년이 지났습니다. 작년에 십대 딸을 거의 잃을 뻔했습니다. 권리장전은 우울증과 불안의 심각성에 대해서 제 눈을 뜨게 해주었습니다. 제가 그것에 대해 얼마나 이해하지 못하는지 깨닫게 되었습니다. 우리 사회가 배워야 할 것이 너무 많아요. 강해져야 한다고 일깨워주는 이 말씀들에 깊이 감사드립니다."(April)

"이달 말 하나뿐이었던 언니가 세상을 떠난 지 5년이 됩니다. 희망의 연대(Alliance of Hope)가 이 권리장전을 올려 주셔서 감사합니다. 여러분이 있다는 사실에 항상 감사하고 있습니다."(Jane)

자살 유가족들의 말에서 확인할 수 있듯이 '자살 유가족 권리장전'은 유가족에게 희망의 메시지를 강하게 전하는 역할을 합니다. 저는 유가족분들이 답답하거나 힘겹다고 느끼실 때는 이 권리장전을 소리를 내서 여러 번 읽으시길 권합니다. 눈으로 읽고 생각하는 것도 도움이 되겠지만 소리를 내서 읽으면 다른 느낌으로 더 큰 힘과 용기를 얻을 수도 있을 것입니다.

| 제2부 |

외국의 자살 유가족은 우리와 어떻게 다를까?

'말하기'로 시작된
일본 자살 유가족의 큰 변화

자살을 자살이라고 할 수 없는 상황이 오늘의 한국 사회에만 있는 것은 아닌 듯합니다. 세계 여러 나라에서도 그런 분위기가 있었는데요, 이것을 바꾸려고 했던 일본의 움직임을 살펴보려고 합니다. 다음 사진을 볼까요?

자살대책 민관합동 심포지엄

이 사진은 상당히 오래전 것입니다. 지난 2007년에 있었던 행사인데요, 사진의 윗부분 플래카드에 나오는 일본어를 그대로 번역하면 다음과 같습니다.

자살대책 신(新)시대 민관합동 심포지엄
자살을 '말하는 것이 가능한 죽음'으로
공동주최 자살유족지원전국캐러밴실행위원회, 내각부

많은 것을 생각하게 하는 행사여서 더 상세히 살펴보겠습니다. 일본의 비영리법인 라이프링크가 자살유족지원전국캐러밴실행위원회, 내각부와 함께 공동주최하여 '자살을 말하는 것이 가능한 죽음으로'라는 주제로 지난 2007년 7월 1일 도쿄에서 개최된 행사인데요, 이 민관합동 심포지엄에는 600여 명의 시민이 참여했습니다. 이 심포지엄에서는 자살 유가족인 한 여대생이 자신의 체험을 울면서 이야기했는데요, 사업 실패로 자살한 아버지의 죽음에 관한 진실을 말할 수 없었던 힘겨움을 솔직히 털어놓고, 자신과 비슷한 심정으로 살아가는 자살 유가족을 위한 활동을 하고 싶다고 밝혔습니다.

정부와 민간단체가 손잡고 자살 유가족이 사회를 향하여 자신의 이야기를 할 수 있는 자리를 마련했다는 것, 그 자체가 상당히 의미 있게 보입니다. 전국을 순회 일주하는 '캐러밴(caravan)'이라는 표현도 인상적이고요. 자살대책 신(新)시대라는 표현도 정부가 실질적으로 자살을 줄이기 위해 대책을 세우고자 발 벗고 나섰다는 의지가 담겨 있는 것으로 보입니다. 일본이 2006년 자살대책기본법을 제정하고 난 뒤 민관협력방식으로 각 지역을 순회하면서 이루어진 활동인데요, 그 의의에 관해서는 뒷부분에서 다시 다루겠습니다.

여기서는 '자살을 말하는 것이 가능한 죽음으로!' 이 부분을 집중적으로 살펴보겠습니다. 이 표현 자체가 많은 것을 응축하고 있습니다. 사실 자살 유가족들은 거의 대다수가 처음부터 '자살이었어요.'라고 말하기 어려운 상황이었다고 말합니다. 처음 '자살'이라는 소식을 접할 때부터 자살 유가족들은 말 그대로 '패닉(panic)' 상태에 빠지게 됩니다. 그 소식은 너무 충격적이어서 자살 그 자체를 부정하는 경우까지 나타납니다. 게다가 자살에 대한 부정적인 시선과 편견, 낙인이 존재한다는 것을 알고 있기에 애써 현실을 부정하려 들기도 합니다. 대부분의 자살 유가족들이 겪는 일반적인 상황입니다. 결국, 자살이라고 말할 수 없는 게 더 자연스러운 일이 됩니다. 현재 우리나라의 상황이 그렇습니다.

자살이라고 말할 수 없는 유가족, 이것은 달리 표현하면 이렇게 바꿀 수 있지 않을까요? '자살이라고 말할 수 없는 사회!' 유가족들이 자살이라고 말하기에는 너무나 두려운 사회, 이것이 엄연한 현실입니다. 자살 유가족들이 겪는 편견과 비난, 손가락질이 그 현실의 단면입니다. 무심코 내뱉는 한마디 말, 수군거림, 뒷담화 속에 있는 화살은 유가족들의 가슴에 꽂히게 되고, 그 상처로 아파하고, 신음하게 되며, 결국에는 더 뒤로 숨게 됩니다. 자신을 지키고 보호하기 위한 몸부림이 자살을 말할 수 없는 죽음으로 만드는 것입니다.

자살 유자녀들이 목소리를 낸 일본

일본에서도 20여 년 전에는 그런 사회적 분위기가 일반적이었습니다. 지난 2001년 부모의 갑작스런 자살로 곤경에 처하게 된 자살 유자녀들이 총리를 만나서 자살 대책의 필요성을 호소한 바 있는데요, 이후 일본의 자살 유자녀들이 자신들의 안타까운 현실을 담아 2002년 10월 1일 출판한 책의 제목은 〈자살이라고 말할 수 없었다〉입니다.[7]

---

7) 自死遺児編集委員会/あしなが育英会, 自殺って言えなかった。, 2002

이 책 표지에 담긴 자살 유자녀들의 얼굴에는 부모의 자살로 인한 아픔이 서려 있으면서도, 그동안 자살이라고 말할 수 없었지만, 이제는 자살이라고 말하겠다는 결연함 같은 게 느껴집니다.

〈자살이라고 말할 수 없었다〉 표지

일본에서는 이렇게 시작된 자살 유자녀들의 노력에 힘입어 자살 유가족과 자살 유자녀에 대한 지원이 정부 차원에서 이루어지고 있습니다. 우리나라에서도 최근 지원이 시작되었지만, 일본과는 그 차원이 다릅니다.

이런 변화를 일으킨 일본 자살 유가족들의 사회적 활동은 이렇게 '말하는 것'으로 시작됐습니다. '말하고 밝히는 것'이 얼마나 중요한가를 확인할 수 있습니다.

'자살이라고 말할 수 없었다.' vs '이제는 자살이라고 말할 수 있게 되었다.' 이들 두 말은 거의 비슷한 것처럼 보입니다만, 확연한 차이가 납니다.

자살이라고 말할 수 없는 사회적 분위기에서는 유가족들은 숨죽여 지내야 하고 죄책감에 시달리며 살아가기도 합니다. 심지어는 '내가 행복하게 잘 살아도 되느냐.'고 묻습니다. 자살이라고 말하지 못하는 상황에서는 말만 못 하는 게 아니고, 아픔이 이어지며, 회복이 더디고, '상처받은 삶'이 계속될 가능성이 큽니다.

'어둠의 터널'을 빠져나오는 계기가 된 '말하기'
이런 이유로 일본에서는 정부와 시민단체가 적극적으로 나서서 "자살을 '말할 수 있는 죽음'으로"라는 기치를 내걸고 전국 방방곡곡 지방자치단체를 순회하는 캐러밴

(caravan)을 펼친 것입니다. 앞에서 언급한 2007년 7월 1일 도쿄 민관합동 심포지엄을 시작으로 전국 47개 모든 도도부현(우리나라의 광역자치단체)에서 각각 〈자살을 '말할 수 있는 죽음'으로〉 심포지엄 행사를 개최했습니다. 자살대책기본법 제정 이후 일본의 자살 감소를 위한 범정부적 차원의 노력은 이렇게 자살 유가족들과 함께 펼쳐졌습니다.

자살대책 민관합동 심포지엄 행사

전국 각지에서 개최된 이 심포지엄을 계기로 자살 유가족들이 "자살이었다"라고 자기 이야기를 하는 자리가 만들어지고, 이 자리에 참석한 자살 유가족들이 중심이 되어 47개 도도부현 전체에서 '자살 유족 모임'이 만들어집니다. 이 모임의 출범은 여러 면에서 소중한 의의가 있습니다. 무엇보다 중요한 것은 이렇게 말할 수 있게 됨으로써 유가족의 삶이 변화되는 계기를 만들었다는 것입니다. 비유하자면 어둠의 터널을 빠져나오게 된 것입니다.

'말할 수 없는 사회'에 'NO'라고 얘기해야

자살은 금기시되는 대화 주제이고, 자살 유가족은 숨을 죽여야 하는 사회 분위기에서는 자신의 아픔을 터놓고 이야기하지 못할 가능성이 커집니다. 사고나 질병으로 인한 죽음이나 자연사의 경우, 유가족들이 애도 기간을 거치다 보면 슬픔도 자연스럽게 가시게 됩니다. 일정한 시간이 지나면 유가족의 슬픔과 아픔은 회복되는 경우가 대부분입니다. 하지만 자살 유가족들은 주변의 부정적인 시선 때문에 (설령 그것이 구체적으로 없는 경우에도 그런 낙인에 대한 두려움 때문에) 침묵 속에서 고통을 짊어지고 살아가야 합니다. 이게 바람직한 모습일까요? 아닙니다. 분명하게 "NO!"라고 말해야 합니다.

자살은 이제 '말할 수 있는 죽음'이어야 합니다. 일본의 경험은 이를 잘 말해주고 있습니다.

하루 20만 명 이상이 방문하는 미국의 자살자 사이버 추모관

미국에는 자살자를 추모하는 사이버 추모관이 있다는데 사실인가요? 네, 그렇습니다. 바로 자살자의 얼굴들(Faces of Suicide)이라는 웹사이트입니다. 웹사이트 링크는 다음과 같습니다.

https://www.facesofsuicide.com

이 웹사이트에는 2024년 11월 26일 현재 4,609명의 자살로 사망한 고인들을 추모하고 있습니다. 이 사이트를 클릭하면 다수의 고인을 로딩하여 초기 화면을 띄우느라 조금 시간이 걸리는데요, 초기 화면은 다음 페이지 그림과 같습니다. 이들 사진 위에 커서를 가져다 놓으면 고인의 간략한 이력이 바로 표출됩니다. 제가 이곳을 방문하면서 놀란 것은 이 사이버 추모관의 방문자 수입니다. 작년까지만 해도 하루에 10만 명이 약간 넘는 사람들이 이 홈페이지를 방문했는데요, 이제는 하루에 20만 명이 넘게 방문하고 있습니다. 2024년 11월 26일 기준으로 누적 방문자 수는 3억 6천 1백만 명을 넘어섰습니다. 정확하게는 361,917,829명입니다.[8]

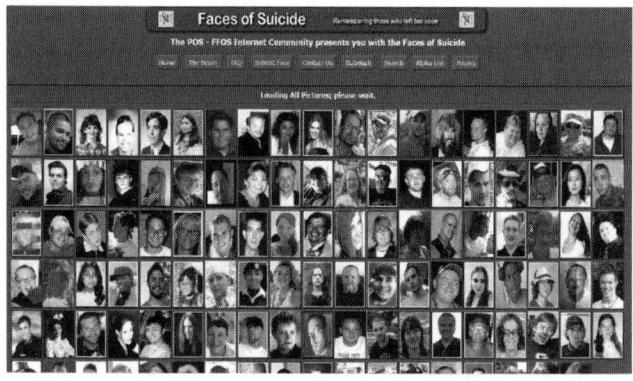

자살자의 얼굴들(Faces of Suicide) 웹사이트 초기 화면

제가 이 사이버 추모관에 관심을 가지면서 2023년 1월 23일과 2024년 1월 23일 1년 동안의 비교해 본 적이 있습니다.

2023년 1월 23일에는 4,112명의 자살자를 추모하고 있었으니까, 1년 사이에 이 추모관에 304명의 고인이 늘어났습니다. 2023년 1월 23일 당시 확인한 누적 방문자

---

[8] 2024년 1월 23일의 누적 방문자 수가 315,818,499명이었음. 약 10개월 사이에 4,610만 명이 방문한 것으로 확인됨.

수가 2억 7천 6백만 명이었으니까, 지난 1년 동안의 방문자 수가 3,980만 명에 달합니다. 다시 말해 하루 평균 방문 추모객 수가 11만 명 정도였습니다. 그런데 지금은 하루 평균 20만 명이 방문하고 있습니다. 저는 그렇게 많은 분이 이곳을 방문한다는 사실 그 자체에 놀라움을 느낍니다.

성(last name)이나 이름으로 검색해서 고인의 추모관으로 바로 갈 수 있습니다. 이 홈페이지 첫 화면에 있는 한 사진을 클릭하면 다음과 같은 방식으로 고인의 모습과 추모글이 나옵니다.

'David Neuschafer'라는 이름이 뜨면서 이름, 출생일-사망일, 지역 등 3개의 정보가 위에 표출되고, 그 아래에 우리의 추모(Our Remembrance) 글이 나옵니다. 추모 글은 한두 줄로 짧기도 하고, 이 고인의 경우처럼 10줄이 넘기도 합니다.

Neuschafer, David
14 July 1967 - 13 December 1984
Enterprise, Kansas

우리의 추모(Our Remembrance)

"그립구나, 데이브" 우린 매일 밤낮으로 네가 그립다.

세상이 예전과 확 달라졌단다, 데이브. 하늘이 항상 회색이야. 우린 그렇게 많이 웃지도 않고, 인생이 재미있지도 않아. 우리의 마음속 상처는 널 그리워하다 보니 생긴 거 같구나, 아들아.

우린 널 정말 사랑했어, 데이브, 고통은 끝이 없구나.

너의 친구들과 시간을 보내는 게 도움이 되지만 치유가 되지는 않는구나.

너의 활짝 웃는 모습, 너의 농담, 너의 활기찬 모습이 그립다. 너의 목소리와 너의 빠른 걸음걸이도.

네가 아직 여기 있다면, 삶이 더 아름다울 텐데.

하지만 너는 없고, 우리는 너를 그리워하며, 한 번 더 눈물을 쏟는다.

David의 엄마, Anna Marie Richardson Neuschafer

이 추모 글에는 아들에 대한 아름다운 기억과 함께 아들을 한없이 그리워하는 엄마의 간절함이 담겨 있어 가슴을 울립니다. 다른 고인들의 추모관에도 고인에 대한 절절한 사랑과 그리움이 담겨 있습니다.

사이버 추모관을 운영하는 자살 유가족 단체

미국의 사이버 추모관 웹사이트는 자살자 부모 모임 Parents of Suicides(POS)과 자살자 친구&가족 모임 Friends and Families of Suicides(FFOS) 두 단체의 인터넷 커뮤니티의 자원봉사자들이 만들어 운영하고 있습니다. 자살 유가족들에 의해 만들어져 운영되는 것입니다.

먼저 이 두 단체에 대해 간략하게 알아보겠습니다. 자살자 부모 모임(POS) 인터넷 커뮤니티는 1998년 10월 9일 설립되었습니다. POS의 사명은 자살로 자녀를 잃은 부모들에게 이해, 지원, 정보, 연결, 희망을 제공하는 것입니다. 이 그룹은 테네시에 개인 상담실이 있고, 월 2회 e뉴스 레터를 발간하며, 연례 수련회를 개최합니다. 회원 자격은 국제적이어서, 세계 어느 나라 누구나 가입할 수 있습니다.

자살자 친구&가족 모임(FFOS)은 2000년 9월 30일 설립된 국제 이메일 그룹이며 인터넷 커뮤니티입니다. FFOS의 사명은 자살로 누군가를 잃은 사람들에게 이해, 지원, 정보와 희망을 주는 것입니다. 이 그룹은 테네시주에 개인 상담실이 있고, 월간 e뉴스 레터, 연례 수련회를 개최합니다. 회원 자격은 국제적입니다.

이들은 "우리의 메인 웹사이트는 자살로 누군가를 잃은 사람들을 위한 많은 자료로 가득 차 있다. 그것은 우리 커뮤니티의 '중앙역'이다."라고 말합니다.

미국 테네시주가 이들 단체의 중심 무대인데요, 이 지역에 사는 자살자 부모들이 모임을 만들어 운영하다가 인터넷 커뮤니티인 POS(자살자 부모 모임, Parents of Suicides)를 지난 1998년 조직한 것입니다. 자원봉사자들은 자살로 아이를 잃은 부모들에게 이해를 돕는 각종 정보를 제공하고 연결을 지어주며 이런 지원 활동을 통해 희망을 주고자 노력하고 있습니다. 이 조직의 활동을 기반으로 2000년에는 FFOS(자살자 친구&가족 모임, Friends and Families of Suicides)를 만들어서 자살로 소중한 사람을 잃은 가족과 친구들에게 이해와 지원, 정보를 제공하여 희망을 북돋아 왔습니다.

세계 자살자 추모의 벽

미국 테네시 지역에서 자살 유가족들의 활동이 적극적으로 이루어지고 있다는 것은 '세계 자살 추모의 벽(International Suicide Memorial Wall)'이 테네시주 컬럼비아에 설치된 것을 보면 알 수 있습니다. 2006년 4월 21일 자살로 사망한 사람들을 추모하기 위해 세워진

이 추모 벽에는 400명이 넘는 자살자의 사진과 타일이 부착되어 있습니다.

미국 테네시주에 있는 세계 자살자 추모의 벽

이 추모 벽에 모신 자살자 대부분이 미국인이지만 캐나다, 영국, 오스트레일리아나 뉴질랜드, 남아프리카공화국, 브라질, 스위스, 아일랜드, 칠레 등 다른 나라의 고인들 사진도 있습니다. 추모 벽에 새겨진 자살자의 얼굴이 친구들과 가족들에게 위안을 주고, 그것을 직접 보는 사람들을 교육하는 데 도움이 될 수 있도록 하는 것이 벽을 만들게 된 취지라고 합니다.

이 자살 추모의 벽이 자살 유가족들에게 '위안을 준다'라는 표현이 눈에 들어옵니다. 유가족이 숨죽이고 뒤에

숨는 것이 아니라 이렇게 마음 문을 열어 공개하고 추모할 때 위안이 되고, 결국 애도에 도움이 될 수 있음을 보여줍니다. 자살 유가족들이 이렇게 적극적으로 추모에 나서는 것도 가능하다는 것을 알 수 있습니다.

POS와 FFOS 두 단체는 자살자의 얼굴들(Faces of Suicide)이라는 사이버 추모관 웹사이트를 운용하고 있다는 것을 살펴보았는데요, 여기서 한 걸음 더 나아가 자살한 고인들 이야기를 담아 책으로 출판해서 판매하고 있습니다. 이 내용은 뒤에서 다시 다루겠습니다.

미국의 또 다른 자살자 사이버 추모관 '희망의 연대'

미국에는 자살자를 추모하고 기리는 사이버 추모관이 또 있습니다. 또 다른 자살자 사이버 추모관은 Alliance of Hope(희망의 연대)라는 단체에 의해 운영되는데요, 웹사이트 링크는 다음과 같습니다.

https://allianceofhope.org/

이 사이트에서 확인할 수 있듯이, 이 단체는 지난 1995년 의붓아들을 자살로 잃은 정신건강 상담사 로니 수잔 워커(Ronnie Susan Walker)의 헌신적인 노력으로 2008년 만들어졌습니다.

'희망의 연대' 설립자인 로니 워커(Ronnie Susan Walker)[9]

 자신이 슬픔 속에서 힘겹게 살아가면서 로니는 자살 유가족들을 위한 자원이나 사회적 지원이 부족하다는 것을 깨달았습니다. 그녀는 유가족들이 치유의 지원을 받지 못하면 자살의 위험성이 높다는 것, 이들을 위한 직접적인 지원 그룹이 사실상 거의 없다는 것, 다수의 자살 유가족이 연중무휴(쉬는 날 없이 24시간)로 지원을 받아야 한다는 것 등을 알게 되었습니다.
 처음 웹사이트를 만드는 방법을 배우기 위해 동네 고등학교에서 수업을 들었을 때, 그녀의 목표는 단순히 다

---

[9] 로니 워커의 인터뷰가 담겨 있는 유튜브 영상임
 https://youtu.be/0UWuo4TBg8A?list=TLGGsReAjJI6eLYwMzAyMjAyNA

른 자살 유가족들과 우정을 쌓고 치유를 돕고 마음을 나누는 지원을 하고자 하는 것이었습니다. 그 당시 그녀는 사랑하는 사람들을 자살로 잃고 그들의 삶이 영원히 바뀐 자살 유가족이 미국에만 4,500만 명 이상 있다는 것을 몰랐다고 합니다. 그녀는 앞으로 무슨 일이 일어날지 전혀 알지 못하는 상태에서 allianceofhope.org를 개설했습니다. 그녀는 자살 유가족들이 와서 자신들의 이야기를 나누고(share), 자신의 처지를 이해하는 다른 사람들과 연결하는(connect) 커뮤니티 포럼(community forum)을 추가했습니다. 이 포럼은 온라인 공동체였습니다.

이들의 표현을 그대로 빌리면 그 이후 영화 '꿈의 들판(A Field of Dreams)'과 같이 세계의 많은 자살 유가족이 이 치유의 온라인 공간으로 향했습니다. 첫 번째 멤버가 합류했고, 50번째, 그리고 15,000번째 멤버가 합류했습니다. 처음 몇 년 동안 로니는 혼자서 각각의 새로운 자살 유가족에게 응답했습니다. 나중에는 다른 자살 유가족들도 로니의 지도를 받아 자원봉사를 시작했습니다. 그들도 상처를 입은 다른 유가족들에게 연민의 손길을 뻗었습니다.

현재 100명 이상의 자살 유가족들이 수천의 사람들을

위해 24시간 연중무휴로 운영되는 이 온라인 포럼의 상담자와 간사로 자원봉사와 헌신을 하고 있습니다. 그들은 이 온라인 포럼이 지원을 필요로 하는 모든 사람을 위한 치유의 문화를 유지할 수 있도록 지켜나가고 있습니다. 여러 명의 유능하고 헌신적인 봉사자들이 이 단체의 이사회와 자문 위원회에 재능기부 형태로 참여해왔습니다. Alliance of Hope(희망의 연대)는 "그분들이 없었다면 지금의 우리는 없었을 것"이라고 말합니다.

이 '희망의 연대'가 활동을 시작한 지 16년이 되었는데요, 자살률이 높아짐에 따라 지원을 바라는 자살 유가족도 증가하고 있습니다. '희망의 연대'는 자살 유가족은 일반 유가족들보다 학교를 자퇴하거나 직장을 그만둘 가능성이 80%, 자살을 시도할 가능성이 64% 더 높다는 영국 의학 저널의 연구 결과에 주목합니다. 이를 토대로 '자살 이후의 예방 활동이 가장 중요한 자살 예방(Indeed, suicide *postvention* is suicide prevention.)'이라고 강조합니다.

이 '희망의 연대'가 운영하는 웹사이트에 접속하면 첫 화면 하단에서 '사랑했던 사람을 기립니다(Honor a Loved One)'나 추모관(Memorial Wall)을 찾을 수 있습니다.

Alliance of Hope(희망의 연대) 사이버 추모관 1

여기서 저는 'honor'라는 단어에 주목합니다. honor라는 동사는 '(누군가에게) 경의를 표하다' '(~를) 기리다'라는 뜻입니다. 자살로 생을 마감한 분들에게 이 'honor'라는 단어를 사용하여 깊은 사랑과 추도의 마음을 담고 있음을 느낄 수 있습니다.

유가족이 운영하는 사이버 추모관이기 때문일까요? 전체적인 분위기나 느낌이 고인에 대한 애정을 담고 있는 듯합니다.

'사랑했던 사람을 기립니다(Honor a Loved One)' 혹은 '추모관(Memorial Wall)'을 클릭해서 이동하면 '우리는 그들을 기억합니다(WE REMEMBER THEM)'라는 문구와 함께 아래 사진처럼 자살자들의 얼굴이나 가족사진이 나옵니다.

Alliance of Hope(희망의 연대) 사이버 추모관 2

하나의 사진 위에 커서를 놓으면 사진이 흑백에서 컬러로 바뀌고, 클릭하면 각 개인을 추모하는 화면으로 넘어갑니다. 이런 방식으로 수천의 자살자들을 기억하고 추모할 수 있도록 하고 있습니다. 각 고인의 추모관은 다음 사례처럼 조금씩 다른 방식으로 꾸며져 있습니다.

그 사진들은 자살자 개인 사진이 올려져 있기도 하지만 가족사진이나 친구들이 함께 찍은 것들도 상당히 많이 눈에 띕니다.

기본적인 디자인은 화면 좌측에 고인의 사진이 있고, 우편에는 "OOO를 기억하며"라고 이름을 밝히고 그 아래에 출생 연도와 사망 연도가 있고, 간략한 추모의 글이 있습니다.

Alliance of Hope(희망의 연대) 사이버 추모관 3

고인이 했던 말이 있는 사례도 있습니다. 그리고 하단 부분에는 추모 자료를 제공한 사람의 이름이 있습니다. 그들 대부분은 가족입니다.

Alliance of Hope(희망의 연대) 사이버 추모관 4

각자의 추모관에는 '사랑하는 기억으로 기부해요(Donate in Loving Memory)'라는 바(bar)가 있고, 여기를 클릭하면 일정 금액을 원하는 대로 기부할 수 있게 되어 있습니다. 이 기부는 자살 유가족의 생활고가 심하다는 것, 지원을 지속해야 한다는 것을 알게 된 이 단체 설립자의 취지를 반영한 것입니다.

이 추모 기금(Memorial Funds)을 Alliance of Hope(희망의 연대)는 다음과 같이 설명하고 있습니다: "추모 기금은 당신이 사랑했던 사람을 기리는 유의미한 방법입니다. 우리는 웹사이트를 제공하여 당신이 사랑했던 사람을 기리기 위한 개인의 추모공간을 만들고, 친구나 가족과 함께 공유할 수 있도록 하고 있습니다. 당신이 기부한 기금은 우리가 자살 유가족들을 위한 직접적인 지원을 계속하는 데 도움이 될 것입니다.

다른 사람들과 공유할 개인 또는 팀별 모금 페이지를 만들어 모금을 시작할 수 있습니다. 당신의 생일이나 사랑했던 사람의 기일, 자살 예방의 날과 같은 특별한 날에 모금하는 것을 적극적으로 고려해 보세요. 'Facebook Fundraiser'를 활용하면 모금 행사를 만들고 그것을 친구들과 공유하는 것을 쉽게 할 수 있습니다. 설치하는 데 5분이 채 걸리지 않으며, Facebook은 그들의 플랫폼을 통해 만들어진 기부금에 대한 모든 수수료를 면제합니다."

　미국의 사례들을 통해 우리는 자살에 대한 사회적 편견을 극복하고 자살 유가족이 나서서 자살자를 추모하고 유가족 자신을 치유하는 하나의 의미 있는 방식이 사이버 추모관이라는 것을 확인할 수 있습니다. 사이버 추모관에는 가족사진을 올린 사례들도 많은데, 그 가족들은 자살이었음을 숨기지 않고 당당하게 밝힐 수 있을 정도로 유가족의 회복이 이루어졌다는 것을 보여준다고 볼 수 있습니다.

　다수의 자살 유가족이 서로가 연결되어 든든한 울타리가 되고 방호벽이 되고 있다는 것이 우리의 현실과 대비되어 조금은 부럽기도 합니다. 이렇듯 자살 유가족과 자살 유가족 단체들의 주도로 사이버 추모관이 우리나라에서도 시작되어 활성화되었으면 하는 바람입니다. 이런 일이 가시화된다면 우리나라 유가족들이 독자적으로 만들어가는 것도 가능하겠고, 미국 단체들과 연계 속에 추진될 수도 있을 것입니다. 지금은 그저 막연히 꿈을 꾸는 단계이지만 언젠가는 그 꿈이 이루어질 것이라고 기대해 봅니다.

'유족이 말합니다' 패널과
〈자살자의 얼굴〉이라는 책

일본의 생명단체가 펼친 '유족이 말합니다' 캠페인

앞에서 우리는 일본의 자살 유가족들이 "자살이었어요."라고 밝히면서 고인을 추모하는 움직임이 지난 2000년대 후반에 있었다는 것을 살펴보았습니다. 일본의 비영리 생명운동 단체인 라이프링크(Life Link)는 '자살유족전국일주(캐러번)' 심포지엄 행사를 펼칠 때 '자살자의 메시지 - 유족이 말합니다(遺族 語る)'라는 코너를 만들어서 자살한 고인의 이름, 약력, 사진과 함께 자살자의 메시지를 소식지와 패널 형태로 공개했습니다. '유족이 말합니다'라는 패널 한 장 한 장에는 자살로 생을 마감한 고인의 성장 과정과 성격, 죽음에 이르게 된 경위, 그리고 자살 유가족의 생각 등을 담았습니다. 이 패널에 고인의 삶을 압축해서 표현한 것입니다.

이 '유족이 말합니다'라는 패널의 전시는 2008년 7월부터 11월까지 전국 각지에서 진행되었습니다. 당시 언론 보도나 기록에 의하면 각 전시장에서는 시민들이 주의 깊게 패널을 바라보았고, 눈물을 흘리면서 보는 분들이 많이 있었다고 전합니다. '유족이 말합니다'라는 내용의 고백은 라이프링크의 소식지에 실리기도 했습니다.

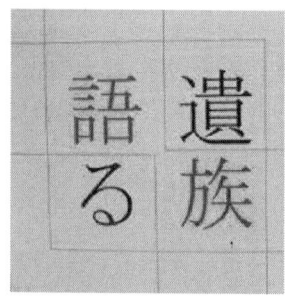

유족이 말합니다
(遺族 語る) 로고

'유족이 말합니다' 패널을
살펴보는 유가족과
시민들

당시 이 패널 전시회를 기획한 라이프링크 관계자는 프로그램의 기획 의도를 이렇게 설명합니다. "자살이 특별한 일이 아니라 가까이 일어날 수 있는 일이라는 것. 자살을 특별한 것으로 보지 말아 달라는 것. 그리고 자살로 돌아가신 분도 하나하나의 삶을 살았던 분들이라는 것, 패널을 보시는 분들께는 나 같으면 그 상황에서 어떻게 할지, 또 내일이라도 자신에게 일어나더라도 이상하지 않은, 가까운 일로 생각해 달라는 것입니다. 이렇게 자살에 대한 인식의 전환이 이루어지길 바라는 것입니다."

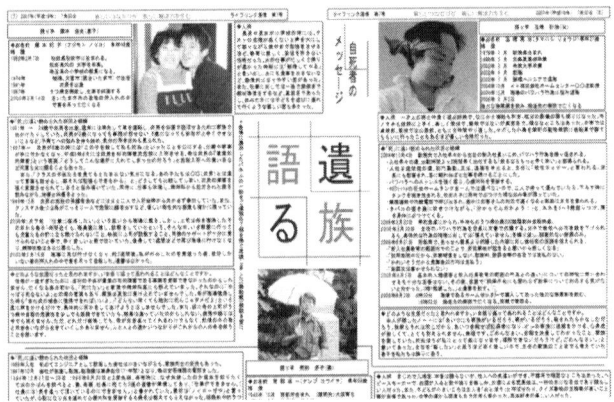

라이프링크의 소식지에 실린 '유족이 말합니다'

패널 전시에 참여한 한 유가족은 "유가족의 실태를 알렸으면 했고, 실제로 내용을 조금이라도 보신 분들의 마음에 호소하고 싶은 게 있었어요. 어머니와 저의 실명, 얼굴 사진을 패널에 올리는 데는 나름 용기가 필요했지만, 방문하신 많은 분이 진지하게 읽어주셨다는 얘기를 듣고 패널을 만든 보람이 있었다고 느낍니다, 앞으로도 많은 분이 봐주셨으면 좋겠어요."라고 말합니다.

망설임과 고민 끝에 말할 용기와 결심을 냈고, 공개한 뒤에는 나름의 보람을 느꼈다, 이렇게 간략하게 정리할 수 있겠지만 유가족의 결단이 얼마나 깊은 고심 속에서 이루어졌겠습니까? 정말 쉽지 않은 결단이었을 것이고, 고심에 고심을 거듭한 끝에 낸 용기이기에 결국에는 위로가 되고, 애도가 이루어지는 데 도움이 됐을 것으로 추측해 봅니다.

자살 유가족 단체가 만든 책 〈자살자의 얼굴들〉

앞에서 살펴본 미국의 자살자 사이버 추모관 Faces of Suicide(자살자의 얼굴) 웹사이트를 관리하는 자살 유가족 모임 POS와 FFOS 인터넷 커뮤니티 얘기로 다시 돌아갑니다. 이 사이트의 풀 다운 메뉴 가운데 하나가 '책(the books)'입니다. 여기를 클릭하면 이 사이트와 동일한 제목의 〈자살자의 얼굴〉이라는 책을 1권부터 5권까지 판매하는 아마존 사이트로 연결됩니다. 아무리 우리와 문화적으로, 정신적으로 차이가 있다고는 하지만 '와~ 이렇게 우리와 다르구나'라는 생각을 하게 됩니다. 유가족들이 자살자를 추모하는 책까지 펴내다니.

〈자살자의 얼굴들〉 책을 판매하는 아마존 화면

미국의 자살 유가족 커뮤니티가 펴낸 〈자살자의 얼굴들〉은 총 다섯 권인데요, 그 개요를 간략하게 소개하면 다음과 같습니다.

Faces of Suicide: Volume 1	Faces of Suicide: Volume 2	Faces of Suicide: Volume 3	Faces of Suicide: Volume 4	Faces of Suicide: Volume 5
2019. 2. 28.	2018. 12. 9.	2017. 4. 12.	2017. 8. 13.	2018. 11. 16.
296페이지	311페이지	324페이지	311페이지	331페이지
$14.45	$14.26	$14.29	$14.53	$14.29
Justin J. Barber 등 60명	F. A. Rios-Abreu 등 42명	Rian Joseph Abreu 등 35명	Boris E. Alvarado 등 47명	Landon D. Adams 등 35명

〈자살자의 얼굴들〉 제1권~제5권 개괄

〈자살자의 얼굴들〉 제1권은 지난 2014년 10월 e-book 으로 출판되었다가, 후에 종이책 형태로는 나중에 발간되었습니다. 아마존에서 판매되는 종이책은 미국 달러화로 $14 수준에서 판매 중이고, 전자책은 5권 모두 권당 $3에 판매되고 있습니다.

제5권에서는 새로운 섹션(section)을 추가했는데, 그것은 사진 추모 갤러리(the Photo Remembrance Gallery)입니다. 그들의 이야기가 이 책에 실리지 않은 고인들의 사진 35장을 자살자의 부모나 사랑하는 사람들로부터 받아서 이 책의 312~329쪽에 걸쳐서 수록했습니다. 각 사진에는 'Jeffrey Alan Amati를 기억함' 식으로 35명의 이름을 붙였습니다.

이 책 편집자는 "그들의 사진을 볼 때, 그들의 눈과 미소를 살펴보시고, 그들의 개성이 나타나 있는 걸 봐주세요. 그리고 기억해 주세요, 그들이 살았음을!"이라고 말합니다. 이 책들의 앞부분에는 기획 의도가 나와 있는데요, 우리에게 많은 걸 생각하게 하고 일깨우는 내용을 담고 있어서 우리말로 옮깁니다.

'이 책에 쓰인 그 사람들은 통계가 아닙니다. 삶을 살았고 여전히 사랑을 받는 실제 사람들입니다. 그 사람들이 그들 삶의 마지막에 의해 규정될 수는 없습니다. 여러분이 그 이야기들을 읽을 때, 부디 판단을 멈추고 연민을 가지고 읽어주시길 바랍니다. 그들의 이야기를 읽으면서 여러분의 마음이 움직였으면 좋겠습니다. 만약 여러분이 읽는 내용이 여러분에게 더 친절하고 온화하도록 일깨워주고, 어떤 이야기가 여러분이 다른 사람들에게 다가가는 동기를 부여하고, 몇몇 이야기를 쓴 필자들의 말이 여러분 자신이나 여러분 주변의 사람들을 더 잘 이해하도록 도와준다면, 이 책은 더 나은, 더 안전한 세상을 만들겠다는 큰 사명을 달성하게 될 것입니다.'

생애 전체가 '자살' 하나로 송두리째 부정당해서는 안 돼
이 편집자의 말에서 우리가 귀담아들어야 할 중요한 메시지는 우선은 자살자의 생애 전체가 그의 마지막 '자살'이라는 것 하나로 송두리째 폄하되고, 부정당해서는 안 된다는 것입니다. 이것은 터무니없는 일이고, 인간 존재와 삶을 모독하는 행위입니다. 우리 모두 깊이 성찰해야 할 대목입니다. 성공회 여성 신학자인 허성우 시인이 사랑하는 아들이 스스로 생을 마감한 후에 쓴 시 구절은 우리의 마음을 파고듭니다.

죽은 너의 엄마로 산다는 것
죽은 네게 나를 내준다는 것
죽은 너를 사랑한다는 것
너 떠난 후에야
네 엄마가 되는 나
용서하고 고백하고 깨달아도
그 무엇으로도
되돌아오지 않는 너

허 시인은 어느 인터뷰에서 이렇게 말합니다. "아들은 스스로 생을 마감했습니다. 처음엔 이루 말할 수 없는 충격에 휩싸여 어떤 정신을 차릴 수 없었지만, 시간이 지나고 아들의 선택이 죄나 낙인, 잘못된 결정은 아니라고 생각했어요. 아들의 선택에 세상이 붙인 언어의 의미들은 막힌 것처럼 뚫고 나오기 어렵게 느껴집니다."[10]

우리 사회는 자살자는 물론, 심지어 유가족에게까지 사회적 낙인을 찍거나 비난하는 잔인한 행위를 서슴지 않습니다. 자살을 해버렸다면 다른 것은 볼 것도 없다는 듯이. 하지만 누구든 그의 삶은, 그의 생애는 소중하며 고귀합니다. 자살자의 삶도, 자살로 생을 마감한 고인도 마

---

10) 뉴스앤북, http://www.newsnbook.com

땅히 존중받아야 합니다. 자살 자체를 잘한 일이라고 칭송하고 옹호하자는 것이 아닙니다. 자살로 세상을 떠난 고인을 기리고 존중하는 인식의 전환은 유가족은 물론이고 사회 전반에, 또 모든 사람에게 필요합니다.

자살 유가족이 스스로 생을 마감한 고인을 존중하고, 그들의 삶을 긍정하고 나설 때 비로소 자살자는 물론 자살 유가족의 명예 회복이 시작되는 것이 아닐까요? 유가족이 자살자를 기리지 않는 상황에서 사회가 그렇게 해주길 기대하는 것은 그 실현 가능성이 상당히 적다는 얘깁니다. 유가족에 의해 이루어지는 고인에 대한 추모와 공경은 자살자의 명예 회복, 더 나아가서 자살 유가족의 명예 회복의 출발점이라고 할 수 있겠습니다.

생명 하나하나가 존귀한 생명체였음을 잊지 말아야

편집자의 말 가운데 저는 '그 사람들은 통계가 아니다'라는 표현에 다시 주목합니다. 우리는 흔히 매년 1만 3천여 명이 스스로 목숨을 끊는다는 식으로 자살 전체를 뭉뚱그려서 말하는 데 익숙합니다. 통계를 산출하는 것은 필요한 일이지만, 이 통계는 단순히 수치가 아니라 그 속에 생명이 담겨 있음을 기억해야 합니다. 통계로 묶일 수 없는 생명 하나하나가 사랑을 받았던, 존귀한 생명체였음을 잊지 말아야 합니다. 그들 대부분의 삶에는 너무나 안타까우면서도 아름답고 소중한 이야기가 담겨 있다는 것입니다.

〈자살자의 얼굴들〉 제5권에 실린 자살자 35명의 추모 글을 쓴 필자들을 분류해 보았습니다. 가장 많은 필자를 차지한 것은 어머니들이었습니다. 22명의 필자가 자살자의 어머니였고, 어머니와 여동생이 공동 필자인 경우가 1명, 아버지는 1명이었습니다. 부인이 4명, 딸 3명, 친구나 연인이 2명, 남동생이 1명, 형수 1명 등이었습니다.

이 책에서 Peter Allen Asencio, Jr.를 추모하는 그의 어머니 얘기는 제 가슴을 뭉클하게 합니다. 36세로 세상을 떠난 아들의 죽음을 힘들게 이겨낸 그는 "나는 처음 6개월을 겨우 견뎠지만, 이제는 앨런의 이야기를 하기 위해 지금 여기 살고 있다."라고 말합니다.

"나는 내가 견딜 수 있도록 도와준 하나님의 은혜에 감사드리고, 다른 두 아이와 내 손자 손녀들, 그리고 자살자 부모 모임(Parents of Suicides)이라고 불리는 놀라운 그룹에 감사드린다. 그들 모두가 없었다면 나는 살 수 없었을 것이다."

가족들과 자살 유가족 모임이 그에게 큰 힘이 되었음

을 알 수 있는데요, 그 뒤에 이은 고백이 더 인상적입니다.

"나는 앨런을 사랑하고, 매일 그를 그리워한다. 그는 36세의 나이에 우리를 떠났다. 그의 얘기를 말함으로써 그에 대한 기억을 살아있게 하는 것은 영광이고 특권이며, 나는 마지막 숨을 거둘 때까지 그렇게 할 것이다."

자살한 아들을 기억하고 기리는 것을 이렇게 당당하게 말할 수 있다는 것은 참으로 엄청난 일입니다. 이 유가족의 당당함은 쉬쉬 숨죽이며, 자살한 아들의 삶은 물론 자신의 삶까지 부정하며 살아가는 유가족들에게 강한 메시지를 던집니다.

유가족의 삶은 변화가 필요하고, 그것이 가능하다는 강력한 메시지를!

그 변화는 치유로부터 시작돼야 하며, 사회의 뒷받침과 더불어 유가족 자신의 노력 속에서 이루어질 것입니다.

| 제3부 |

자살 유가족, 어떻게 회복해 갈 것인가

'말하기'로 시작되는 유가족의 회복

 자살 유가족들 한 사람 한 사람이 느끼는 감정과 정서가 다르듯 그 감정과 더불어 살아가는 방식도 다릅니다. 자살 유가족 대부분이 무척 힘겨운 상황 속에서 살아가고 있는 것은 분명하지만, 그런 감정의 소용돌이 속에서 고통의 늪에서 살아가는 분들이 있는가 하면 고통을 지혜롭게 줄이며 살아가는 분들도 있습니다.

 앞에서 소개한 칼라 파인의 책 〈너무 이른 작별〉의 첫 소제목은 '침묵에서 벗어나기'입니다. 자살 유가족이 어두움의 감정들에서 벗어나 '빛'의 세계로 나가는 극복의 출발점은 바로 '침묵에서 벗어나 말을 하는 것'임을 시사하고 있습니다. 유가족은 '말'을 할 수 있어야 합니다. 말할 수 있는 장(마당, 공간)을 찾아야 합니다.

안전하고 자유롭게 말할 수 있는 공간을 찾아야

자살 유가족들이 자신만의 이야기를 할 수 있으려면 '보호와 지지를 받고 있다는 믿음 가운데 안전하고 자유롭게 말할 수 있는, 그 어떤 말을 해도 공격을 받지 않는 공간'이 필요합니다.

유가족에게 그런 분위기를 만들어 드리고 경청하는 것은 유가족을 돕는 핵심이라고 할 수 있을 것입니다. 이런 공간과 환경, 말할 수 있는 적절한 대상을 찾기 위해 자살 유가족 자신도 노력할 필요가 있습니다. 물론 자살 유가족을 돕고자 하는 분들은 그런 공간을 찾아서 소개하고 '말할 수 있는 마당(場)'을 만드는 데 힘을 써야 합니다.

자살 유가족은 말할 수 있어야 하고, 자신의 목소리를 내야 합니다. 개인적으로 외쳐야 하고, 혹시라도 마음이 내킨다면 사회적으로 외쳐도 괜찮습니다.

미국의 자살 유가족들이 흔히 사용하는 구호, 자살 예방 캠페인 티셔츠의 사진에 있는 구호처럼 목소리를 내야(Be the Voice) 한다는 것입니다. 그래야 개인이 겪는 어려움도 이겨 나갈 수 있고, 사회적으로 유가족 지원 체계의 구축이나 자살 예방의 역할을 담당할 수 있을 거라고 봅니다. 일단 개인 차원에서 목소리를 내시도록 강력히 권고를 드립니다.

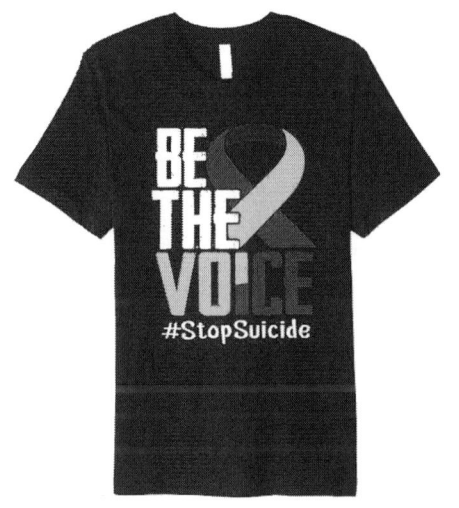

Amazon에서 판매되는 Be the Voice #Stop Suicide 티셔츠

자살 유가족이 목소리를 내는 방법들

자살 유가족이 혼자 힘들어하는 데서 벗어나 당당하게 말하고, 목소리 내는 구체적인 방법들은 다음과 같은 것들을 생각해 볼 수 있습니다.

- 유가족 자조모임이나 유가족 쉼터를 찾아가 내 얘기를 편하게 하는 것
- 사이버 추모공간에 추모 글을 쓰는 것
- 온라인 유가족 자조모임에 참여하는 것

- 자살 유가족 수기 공모전에 참여하는 것
- 유가족 지원단체가 진행하는 예배나 미사에 참여하는 것
- 유가족들을 위한 영화 단체 관람, 소모임 등 프로그램에 참여하는 것 등등

어떤 것이든 '안전하고 편하게' 말하고 목소리를 낼 수 있다면 유가족의 회복과 치유에 도움이 될 것입니다. 이미 많은 유가족이 이런 과정을 통해 큰 도움을 받았다고 밝히고 있습니다. 회복의 시작은 말하기입니다. 말할 수 없는 상황 가운데 있다면 말할 수 있는 곳으로 안내할 사람을 찾고 도움을 청하세요.

스스로 자신을 도와야 할 자살 유가족

 자살로 사랑하는 가족이나 연인, 지인을 잃으신 유가족이신가요? 상상도 할 수 없는 큰 아픔과 충격을 겪고 있으신가요? 오래전 일인데도 그 상처로 여전히 고통받고 있으신지요?

 이 책의 앞부분에서 우리는 자살 유가족이 겪는 여러 정신적, 심리적인 아픔을 살펴보았습니다. 유가족 여러분이 이런 아픔을 겪는 것은 자연스러운 일입니다. 아무런 마음의 준비 없이 갑작스럽게 닥치게 된 사랑하는 사람의 자살은 당연히 충격 그 자체일 수밖에 없습니다. 그 일이 일어나기 이전과 너무 달라졌다고 해서 자신을 이상하다고 느낄 필요는 전혀 없습니다. 달라진 자신을 있는 그대로 받아들이고 인정하는 게 중요합니다.

 자살 유가족에게 조언을 주는 외국의 한 인터넷 사이트에는 이런 표현이 있습니다. '자살로 상실을 겪은 후 당신 자신을 돕는 방법. HOW TO SUPPORT YOURSELF.

여기서 당신 자신(YOURSELF)을 돕고, 지원한다는 표현이 인상적입니다. 가족이나 지인의 자살로 인해 고통과 아픔을 겪을 때 그 어려움을 딛고 일어서는 주체는 바로 유가족 자신이어야 한다는 의미가 담겨 있다고 보여서 이 부분을 되새겨 읽게 됩니다.

자료: 자살유가족과따뜻한친구들

2024 세계 자살 유가족의 날 행사 모습

회복할 권리와 회복할 능력 지니고 있음을 기억해야

상상할 수 없을 정도로 큰 어려움을 겪어 왔고, 지금도 겪고 계시겠지만 여러분은 회복하실 수 있습니다. 어려움을 잘 견디고 회복되어 살아가시는 자살 유가족이 많이 있다는 것이 그 증거입니다. 여러분은 회복할 권리가 있고, 회복하실 수 있는 능력이 있습니다. 이 회복이 빨리 이루어질 수도 있지만, 더디게 이루어질 수도 있습니다.

자살 유가족이 고인의 죽음 이후 사회로부터 경험하는 첫 현실은 대부분 참담합니다. 사랑하는 사람을 자살로 잃게 됐다는 소식으로 엄청난 충격을 받은 상황에서 그 유가족이 사회와 처음 대면하게 되는 것은 (유가족마다 차이가 있을 수 있지만) 경찰의 조사입니다. 사건이 발생하면 경찰 수사가 진행되는 것을 피할 수도, 막을 수도 없습니다. 경찰 쪽에서는 당연히 밝힐 수밖에 없는 형사사건이니까요. 그런데 이 조사가 이루어지는 상황에서 많은 유가족이 자신을 피의자 취급이라도 하는 것 같은 느낌을 받습니다. 거의 혼이 나간 상태에서 경찰의 조사를 받다 보니 상처가 증폭되기도 합니다. 장례식장에 가기도 전에 경찰 조사를 받는 경우도 많습니다. 요즈음에는 유가족의 충격이나 아픔을 헤아려 조심스럽게 유가족을 대하는 경찰관들이 많이 있지만, 트라우마가 남을 정도로 마음에 큰 상처를 받은 분들도 적지 않습니다.

상황을 객관적으로 보면 신고를 받고 출동한 경찰은 죽음의 상황을 일단은 변사 사건으로 보고, 자살인지 타살인지를 밝히는 것을 우선순위에 둡니다. 그런 수사 맥

락에서 유가족에 대한 배려 같은 것을 기대하기 어려운 것도 현실입니다. 방송에 출연해서 자신이 겪은 쓰라린 기억을 어느 유가족은 이렇게 토로한 적이 있습니다.

"남편을 잃고 난 당시 무척 힘들었던 부분이 경찰관이 보험을 들었냐고 묻는데 갑자기 피의자가 된 듯한 느낌이었다. 나도 왜 죽었는지 모르겠는데…"

"정신이 하나도 없고 눈물만 쏟아지는데 경찰에선 피의자처럼 조사하고, 시댁 식구들은 '남편이 그 지경이 되도록 왜 못 막았냐.'라며 죄인 취급하더군요. 하루에도 몇 번씩 나도 같이 따라가고 싶다는 생각을 했습니다. 아이들이 아니었다면 버티지 못했을 겁니다."[11]

얼마나 힘겨웠을까를 동감하게 하는 고백들입니다.

그런데 최근 이런 상황은 크게 변화가 나타나고 있습니다. '자살' 신고가 이루어지면 경찰의 출동 요청에 따라 24시간 전담 직원이 동행해서 자살 유가족의 초기 심리 안정을 돕고 있습니다. 이 전담 직원은 법률·행정, 학자금, 임시 주거 등의 서비스를 안내해 줍니다. 뒤에서 상세하게 소개하는 '자살 유족 원스톱 서비스'입니다.

정신을 차릴 겨를이 하나도 없는 가운데에서 경찰 조사와 장례, 각종 행정 절차에 이르기까지 유가족은 모든

---

11) 중앙일보 2019. 09. 15. 기사

것을 감당해야만 합니다.

아무리 원스톱 서비스가 마련되어 있다고 해도 조사를 비롯한 모든 것들이 유가족을 상당히 힘들게 할 수 있다는 것을 유념할 필요가 있습니다. 그리고 고인을 잃고 가장 힘든 시기에 여기저기서 입은 상처가 아물지 않은 채, 지금까지 유가족 여러분을 괴롭히고 있을 가능성도 상당히 크다는 점을 말씀드립니다.

사랑하는 사람의 자살로 인한 고통을 겪을 때, 자신을 돌보면서 정서적, 정신적, 육체적으로 도움이 될 수 있는 몇 가지 활동들을 정리해 봅니다.

첫째, 자기 돌봄의 우선순위를 정합니다.

괜찮게 느껴진다면 자연 속에서 산책이나 요가, 명상 등 편안함을 주는 활동에 참여해 보는 건 어떨까요?. 신체 건강을 유지하기 위해서는 균형 잡힌 식사와 충분한 수분 섭취, 적절한 수면을 유지하는 게 바람직합니다. 이 세 가지는 하루속히 회복해야 할 신체 리듬의 구성 요소입니다.

둘째, 글쓰기나 예술을 통해 슬픔을 견뎌 보세요.

심란한 감정을 처리하기 위해 일기나 글을 쓰는 것은 치료 효과가 있을 수 있습니다. 고인에게 편지를 쓰는 것도 좋습니다. 그림이나 음악과 같은 예술 치료는 마음 깊은 곳에 있는 감정을 표출하는 데 도움이 됩니다.

셋째. 소소하고 가능한 목표를 세웁니다.

한 번에 한 걸음씩 삶을 살아가면 무언가로부터 압도당하는 느낌을 피할 수 있게 됩니다. 작은 일상 업무에 집중하고, 소소한 일들로부터 행복감을 얻어도 좋습니다. 쉽게 이룰 수 있는 작은 목표들을 세우고 그것들을 성취하게 되면 살아가는 작은 만족감을 느낄 수 있습니다.

자신에게 너그러워 지세요

 자살 유가족 대부분은 자신에게 관대하지 않습니다. 관대하기는커녕 되려 자책하고 자신을 냉대하는 경향이 강합니다. 자신이 느끼는 감정을 비판적으로 인식하기도 합니다. 자신에게 엄격함을 넘어 심지어 가혹하기까지 하기도 합니다.

 자신에게 은혜를 베풀려고 마음먹고 그렇게 해 보세요. 좀 더 관대해지셔도 됩니다. 자기에게 너그러워진다는 건 슬픔을 헤쳐 나가는 동안 자신을 돌보고 보다 친절해지려고 노력하고, 또 그렇게 자신을 대하는 것을 말합니다. 이것은 무척 중요한 선택입니다.

 자신에게 너그러워지면 더 인내하면서 자신을 깊이 이해할 수 있게 됩니다. 그 과정에서 고통을 견뎌내는 역량이 커집니다.

 여러분은 지금 최선을 다하고 있고, 그것만으로도 충

분합니다. 자책 대신에 나 자신을 소중히 여기고 스스로 지켜주세요.

첫째, 스스로 느끼는 감정을 그대로 허용하기

자신을 판단하지 말고, 나무라지 않으면 어떨까요. 감정에 따라 울기도 하고, 화도 내고, 무감각해지는 자신을 있는 그대로 허용해 보세요.

어느 날 갑자기 걷잡을 수 없이 슬픔이 찾아왔다고 해도 그것을 예측할 수 없었던 자신을 나무라진 마세요. 어떤 날은 다른 날보다 더 힘들 수 있습니다. 그래도 괜찮다고 자신을 도닥여주세요.

"그래, 괜찮아."

이렇게 혼자 말로 표현해 보세요.

사랑하는 사람을 잃은 슬픔에서 벗어나 치유를 위해 노력하는 자신을 책망하지 마세요. 치유는 사랑하는 사람을 잊는 게 아니라는 걸 자신에게 상기시켜 주세요. 치유는 고인을 더 사랑하고 이해하기 위한 노력이라는 것을 자신에게 설명해 주세요.

둘째, 여유 공간 만들기

누구나 살아가는 데는 여유 공간이 필요합니다. 시간

적으로나 공간적으로 여백이 필요합니다. 나 자신에게 지나치게 빡빡하게 굴어야 할 이유가 없습니다. 자신에게도 여백을 만들어 주세요.

특정 시간 목표를 정해놓고 이때까지 치유를 해내겠다고 자신을 압박하지 마세요. 애도 과정을 서두르지 않는 것도 지혜로운 일입니다.

슬픔이나 고통의 감정이 밀려올 때는 잠시 쉬세요. 영화를 보거나 책을 읽거나, 음악을 듣고, 취미 활동 등 다른 일로 주의를 돌리는 것은 괜찮습니다. 여름휴가를 잡듯 휴가 일정을 잡아 여행을 잠시 떠나도 좋아요. 이런 여백은 여러분에게 넉넉함을 가져다줄 것입니다. 이 여백은 나를 고통이라는 공격에서 지켜주는 보호막입니다. 나와 세상 사이에 있는 완충공간이기도 합니다.

우리가 겪는 슬픔은 때로는 파도처럼 밀려올 수도 있지만, 아무렇지도 않게 지내다가 몇 년이 지난 후에 갑작스레 찾아올 수 있다는 점도 염두에 두세요. 그런 일이 일어난다고 해서 여러분을 책망할 필요는 전혀 없습니다. 슬픔 자체의 속성이니까요.

셋째, 자기 연민을 실천하기

슬픔에 빠진 친구를 위로하는 것처럼 자신에게 위로의

말을 걸어 보세요. 조금 부족하거나 아쉽다고 느껴지더라도 자신을 용서하시고, 책임을 묻지 마세요.

특히 자살로 돌아가신 고인의 죽음에 관한 책임은 더 이상 묻지 마세요. 그동안 자책하신 걸로 충분합니다.

필요하다고 판단될 때는 언제든지 다른 사람에게 도움을 기꺼이 요청하고, 그 도움을 받으세요.

넷째, 경계 설정하기

마음의 준비가 되지 않았다면 이런저런 모임이나 행사에 거절해도 괜찮습니다.

나를 지키기 위해 상처를 주는 말을 하는 사람들로부터 거리를 두십시오. 나는 그들로부터 보호받아야 할 충분히 소중한 존재입니다.

다섯째, 자기 돌봄의 우선순위 정하고 실천하기

체력을 유지하기 위해, 아무리 적은 양의 식사라도 규칙적으로 하시고 좋아하는 음식을 드세요.

수면 패턴이 평소와 달라지는 한이 있더라도 충분한 휴식을 취하려고 노력하세요. 좀 게을러져도 괜찮습니다.

걷기나 스트레칭, 산책과 같은 가벼운 활동으로 몸을

움직이십시오. 이런 가벼운 활동들을 루틴으로 만드는 것도 자신을 돌보는 좋은 방안입니다.

충분한 휴식은 자기 돌봄의 시작

여섯째, 죄책감 없이 기쁨을 누릴 수 있도록 허용하기

미소 짓고, 웃고, 작은 순간을 즐길 수 있도록 스스로에게 허용하십시오. 그것은 고인에게 미안한 일 아닙니다.

예전에는 좋아했던 활동에 맘 편히 참여하십시오. 이전과는 다른 느낌이 들더라도 말입니다.

여러분의 치유는 사랑하는 사람을 배신하는 행위가 아닙니다. 오히려 그분을 존중하고 사랑하는 일입니다. 고인이 진정으로 바라는 것도 당신의 치유라는 것을 늘 기억하십시오.

지원그룹을 찾아 도움을 받으세요

유가족 여러분을 기꺼이 돕는 한 사람은 정말 소중합니다. 그런 사람이 있으시다면 그분의 도움을 부담 느끼지 말고 받으세요. 안타깝게도 그런 사람이 여러분 곁에 없다면 그분을 찾아보세요. 그분이 여러분께 아직 찾아오지 않았다고 너무 염려하진 마세요.

가까운 지인에게, 상담사에게, 생명운동 단체에 도움을 달라고 요청하세요. 구하시기 어렵다면 저한테 개인메일(isj2020@daum.net)을 보내주세요. 기꺼이 돕겠습니다. 여러분은 결코 혼자가 아니며, 외롭지 않습니다.

어머니를 자살로 잃은 작가 소재웅 목사님은 이렇게 말합니다. "안전하게 내 말을 들어줄 검증된 한 사람이 정말 소중합니다. 감사하게도 나에겐 그런 분이 있었습니다. 가족이 아니었음에도 그분은 나를 지켜주었고, 내가 어려움을 이겨내는 데 큰 도움을 주셨습니다." 소 목사님은 지인들 가운데 한 분에게서 꾸준히 도움을 받았는데 시간이 흐른 뒤에 보니 치유와 회복에 큰 힘이 되었다고 고백합니다.

소재웅 목사님이 쓴 〈나의 아름다운 엄마, 김영희〉 표지

자살 유가족 자조모임 '자살유가족과따뜻한친구들' 김혜정 대표님은 자기 경험을 이렇게 기억합니다. "처음 남편의 자살 얘기를 들었을 때는 마치 내 일이 아닌 것처럼 도저히 현실로 받아들여지지 않았습니다. 한 달 사이에 몸무게가 20kg 가까이 빠질 정도로 큰 충격이었습니다. 그런데 이 시기에 가족들과 이웃들이 저를 돌봐 주었습니다. 가족들은 한 달 동안 함께 살면서 정신줄을 놓다시피 했던 저를 붙잡아 주었고, 이웃들은 반찬을 만들어다 주기도 했고, 저에게 다가와서 위로가 되는 음악을 들려주기도 했습니다."

가족들과 이웃들이 힘을 합쳐서 위기에 처한 유가족을 함께 돌보아서 최악의 상황을 견디는 버팀목이 된 것입니다. 김혜정 대표님은 지금도 자기 상황을 돌보지 않고 자살 유가족들을 돕는 데 헌신하고 있는데, 아마도 그분이 어려울 때 받았던 도움에 대한 고마움이 이 헌신의 자양분이 되고 있을 거라고 봅니다.

힘들 땐 도움이 필요하다고 말해야

이렇듯 당신에게 도움을 주고, 함께 해줄 사람들은 유가족마다, 또 유가족이 처한 상황마다 다를 수 있습니다. 중요한 것은 도움을 받아야 한다는 것, 도와주는 분이 없다면 주변이든 단체든, 이웃에게든 "저를 도와줄 사람이 필요해요."라고 SOS를 쳐야 한다는 겁니다. 도움을 청하세요. 여러분을 기꺼이 도와줄 준비가 되어 있는 가족이나 친구, 지인, 단체와 기관들이 있다는 것을 꼭 기억해 주세요.

미국자살예방재단의 최고의료책임자인 크리스틴 무티에(Christine Moutie) 박사는 "자살 유가족들은 치유가 하나의 여정이라는 걸 인정해야 합니다. 전문적인 도움과 지지해 주는 공동체를 찾는 것은 그 여정을 좀 더 관리하기 쉽게 만들 수 있습니다."라고 말합니다.

유가족을 돕는 데 가장 큰 도움이 되는 것은 비슷한 경험을 가진 유가족이라는 것이 이미 국내외 많은 분의 경험을 통해 확인된 사실입니다. '유가족들의 도움이 없었다면 오늘의 나는 없었을 것'이라고 말하는 유가족들이 많습니다. 미국이나 일본에서 공적으로 자살 유가족에게 자연스럽게 유가족 자조모임을 안내하는 것은 이런 이유 때문입니다. 우리나라에도 이런저런 형태의 자살 유가족 모임들이 있습니다. 유가족 자조모임이나 지원단체와 관련된 정보는 뒤에서 다시 살펴봅니다.

다시 강조합니다. 어려움을 겪고 있다면 나를 도와줄 누군가를 찾아 도움을 받는 것이 현명한 선택입니다.

슬픔의 극복이나 애도를
서두를 필요는 없어요

'왜 이렇게 나는 계속 아프고 힘들지? 나만 그런 건가?'

슬픔을 극복하기가 어렵고 애도가 더디게 이루어질 때 이런 생각이 들기 마련입니다. 하지만 조급할 필요가 없다는 것이 많은 전문가의 조언입니다. 다른 많은 것들이 그렇듯이, 슬픔 극복이나 애도에도 정답은 없습니다. 같은 유가족이라도 자살이라는 사안을 받아들이는 생각은 천차만별 다릅니다.

마찬가지로 슬픔을 이겨내는 '올바른 길'이나 '정답' 같은 것은 존재하지 않습니다. 나름의 방식으로, 나름의 힘으로 견뎌 나가는 것입니다. 아직 다른 사람을 만나 이야기를 나누는 게 불편하다고요? 그러실 수 있습니다. 그 과정조차도 서두를 필요가 없습니다.

앞에서도 말씀드렸지만 스스로 자신에게 관대해져야

합니다. '음~ 그럴 수도 있지...'라며 자신을 다독여 주세요. 다른 사람들보다 상실의 아픔이 오래갈 수도 있습니다. 더 많이 아파하실 수도 있습니다. 15년 전 남편 이야기를 할 때, 마치 어제 일어난 일을 말하듯 울먹이는 유가족들이 있습니다. 당연합니다. 애도가 상당히 이루어진 이후에도 예전에 겪은 아픔이나 상처가 떠오르게 되면 자연스럽게 그 시점으로 되돌아가기도 하는 것이죠.

자살 유가족들이 경계해야 할 것은 오히려 슬픔을 극복하려고 애도를 서두르는 것입니다. 치유에는 정해진 일정이 없으며, 너무 빨리 '넘어가려고' 하는 것은 오히려 슬픔을 견디는 과정을 방해할 수 있습니다.

사랑하는 사람을 자살로 잃는 것은 매우 깊고 충격적인 경험입니다. 그 슬픔의 감정을 억누르고 봉합하는 형태로 지나가면 불안과 우울증으로 발전할 수 있습니다. 상담가인 앨런 울펠트(Alan Wolfelt) 박사는 다음과 같이 강조합니다. "슬픔은 '극복하는' 것이 아니라 삶에 통합하는 법을 배우는 것입니다."

애도에는 충분히 시간이 필요하고 사람마다 다릅니다. 어떤 사람들은 강한 감정을 즉시 느끼지만, 다른 사람들은 슬픔이 늦게 찾아오기도 합니다. 이 과정을 서두르면 나중에 감정이 다시 살아날 때 죄책감이나 우울증의 원인으로 작용할 수 있습니다. 자살로 인한 상실은 상당히 복잡하고, 상당히 독특하고 다양한 감정과 정서를 불러일으킵니다. 이러한 감정들을 처리하는 데는 시간이 걸립니다.

슬픔을 억누르는 것은 장기적으로 나쁜 영향을 미치기도 합니다. 슬픔을 무시하면 정서적 고통, 신체 건강 악화, 건강한 관계 형성의 어려움으로 이어질 수 있습니다. 오히려 감정을 표현하고 인정하면 점차 더 건강한 대처와 적응이 가능해집니다.

슬픔은 자체를 존중할 필요가 있습니다. 사랑하는 사람의 삶을 기억하고, 존중하고, 성찰하는 데 시간을 할애하면 치유에 도움이 됩니다. 채플린 로버트 오르(Chaplin Robert Orr)의 시는 우리가 충분히 여유 있게 슬퍼해야 할 이유를 잘 정리하고 있습니다.

"슬픔은 사랑하는 사람에게 주는 사랑의 마지막 행위입니다. 깊은 슬픔이 있는 곳에 큰 사랑이 있습니다. 슬픔은 훌륭한 통과의례입니다. 용기, 신성한 전투, 슬픔, 사랑, 기쁨, 상실의 영웅적인 여정입니다. 슬픔의 어둠을 통해 우리는 죽음을 초월하는 사랑의 빛을 볼 수 있습니다. 그리고 고통과 함께 우리가 가진 시간의 선물, 공유된 사랑, 그들이 우리를 사랑했기에 우리가 더 나은 사람이 될 수 있게 된 힘에 대해 감사를 느낄 수 있습니다."

다양한 프로그램들 가운데 어떤 게 효과적일지 몰라

'세월이 약'이라는 말이 있습니다. 시간의 경과 속에서 서서히 애도와 치유의 과정을 밟아 가는 게 보통입니다. 하지만, 오랜 시간이 흘러도 치유가 거의 이루어지지 않는 유가족도 있습니다.

어떤 프로그램이 유가족들에게 상당히 효과적인 경우에도, 그것이 다른 분들에게는 별다른 도움이 안 되기도 합니다. 그래서 한 단체의 한 프로그램에만 머물지 말고, 여러 단체, 여러 모임에서 진행하는 다양한 프로그램들에 참여하는 게 좋다고 말하는 유가족도 있습니다. 유가족을 위해 이루어지고 있는 프로그램은 예배, 함께 차 마시기, 영화 함께 감상하기, 다이어리 만들기, 치유 워크숍 등등 다양합니다. "크게 기대하지 않고 갔는데, 다른 유가족들과 함께하는 과정에서 큰 위로가 되더라."라고 말하는 유가족도 있습니다. 프로그램 그 자체보다 유가족들과 함께하는 경험과 그 시간이 소중한 의미로 다가올 수 있다는 것을 보여줍니다.

정해진 답은 없습니다. 나에게 맞는 단체나 프로그램이 있다면 거기에 참여하시면 됩니다.

고인과 소통해 보세요

돌아가신 고인과 어떻게 소통할 수 있느냐고요?

여기서 말하는 소통은 직접적인 대화가 아닌 기도의 방식이 되겠지요. 편지나 글을 쓸 수도 있습니다. 편지를 쓰는 것은 내가 겪는 그리움과 안타까움을 푸는 처방이 될 수 있습니다. 전문가들은 고인에게 편지를 쓰는 것이 상당히 효과적이고 안전하다고 말합니다.

실제로 앞에서 살펴본 미국에서 출판된 〈자살자의 얼굴들〉이라는 5권의 책은 모두 고인에게 보내는 편지들을 모은 것입니다. 유가족이 고인과 이런 방식으로 마음을 나누는 것도 좋은 소통의 방식이라는 것을 알 수 있습니다.

미국에는 자살자를 추모하는 사이버 추모관이 있다는 것을 살펴보았는데요, 우리나라에도 자살로 돌아가신 고인을 추모하는 사이버 추모공간이 있습니다. 한국생명존중희망재단이 운영하는 '얘기함'이라는 사이버 공간인데요, 미국의 사이버 추모관처럼 널리 참여가 활발하게 이루어지는 것은 아니고, 방문객도 많지는 않은 상태로 보입니다. 이 얘기함의 링크는 다음과 같습니다.

https://www.kfsp.or.kr/trt

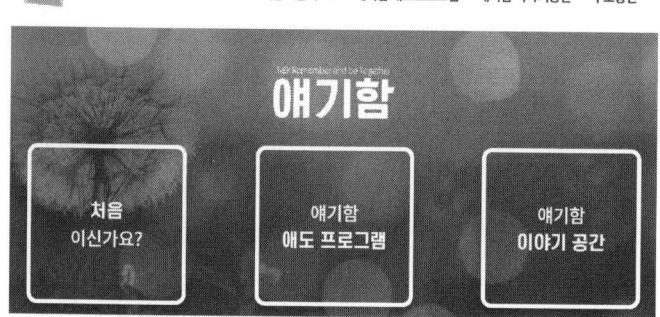

자살 유가족을 위한 사이버 공간 〈얘기함〉

이 〈얘기함〉은 지난 2018년부터 운영됐습니다. 많은 분이 '이런 자살 유가족을 위한 애도와 소통, 추모공간이 그렇게 오래전부터 마련되어 있었어?'라며 놀랄 것 같습니다.

2025년 2월 14일을 기준으로 이 추모공간에는 유가족이 작성한 총 1,443개의 추모 글이 있습니다. 2018년 9월 13일부터 지금까지 약 6년 5개월 동안에 유가족들이 작성한 것들입니다.

〈얘기함〉 추모공간에 쓰인 추모 글

위의 그림은 유가족들이 쓴 추모 글 이미지입니다. 이 추모공간에 있는 추모 글들 가운데 2018년 9월에 유가족이 쓴 추모글 다섯 개를 그대로 여기 옮겨봅니다.

"아빠.. 거기선 행복한 거지? 편하게 잘 있는 거지? 우리 보고 싶지 않아? 우리는 아빠가 보고 싶어. 그래도 나아아중에는 어차피 만날 거니까, 우리 그때 웃으면서 볼 수 있도록 잘 지낼게. 아빠도 거기선 마음 편하게 많이 웃으면서 지내고 있어 아빠 사랑해요."

"사랑하는 내 동생♡ 하늘에선 부디 몸도 마음도 아프지 말고 행복하길 바랄께. 보고 싶고 그립다. 내 하나뿐인 동생아.,."

"엄마, 내가 있어도 내가 옆에 있어도 미안해하기만 하고 그냥 떠나려고 했던 마음이 우릴 버리려는 게 아니라 우릴 살리기 위해서였다는 거 알아. 그런 방법이 아니길 바랬는데 꼭 그날 떠나기 위해서 웃어야 했던 엄마 마음을 내가 더 알아주지 못했을까."

"보고 싶고 목소리도 너무 듣고 싶고..
사랑하는 내 동생아~ 많이 미안하고 사랑한다."

"혼자서 얼마나 힘들고 아파했는지 살아있을 때 몰라 줘서 너무 미안해! 모든 걸 혼자 책임지고 떠난 당신이 너무 보고 싶고,
하루에도 몇번씩 다시 그날로 되돌아갈수만 있다면… 얼마나 좋을까 생각해!
사랑하는 봉봉 마누라~
편히 쉬고, 제발 내가 살아갈 수 있게 도와줘요!
사랑하고 사랑해요."

마지막으로 2024년 6월에 쓰인 한 어머니가 아들에게 쓴 추모의 글을 인용합니다.

"사랑하는 내 아들 오늘 네가 떠난지 23일째
매일 일기도 쓰고 글도 쓰지만
그래도 채워지지 않는 마음에 여기에도 글 한번 남겨본다.
자책하지 말라고 해서 노력하는데 잘 안돼
사랑해서 떠난다는 네 말도 어떤 큰 의미가 담긴 건지 네 마음을 헤아릴 수가 없어
너무도 마음이 깊고 따뜻했던 내 아들 너는 엄마의 전부였는데
하늘이 너무 원망스러워서 네 유서를 끌어안고 울기도 하고
네 사진을 어루만지며 울기도 하고
네가 좋아했던 사건의지평선을 들으면서 펑펑 울기도 해
누나도 아빠도 매우 힘들어한단다
많이 사랑했지만
더 올바르게 사랑해주지 못해 미안하다
죽을 때까지 널 가슴에 묻고
네가 말한 삶이 의미있다 여기라는 ..

네가 없는 삶에서 무슨 의미가 있을까…싶은데
그래도 찾아볼께 삶의 의미
네 몫까지 우리 가족이 잘 살아낼께
그러니 편히 쉬렴
이 지옥 같았던
이 땅에서의 괴로움 다 잊고
편히 쉬렴
사랑해 미
치도록 보고 싶고
그리워
엄마의 생이 끝나면 하늘에서 만나자."

 유가족들이 쓴 추모 글 하나하나에 담긴 사랑과 아쉬움, 슬픔을 달리 표현할 수 있는 어휘가 떠오르질 않습니다. 이런 방식으로라도 추모 글을 쓸 수 있는 유가족분들에게 경의를 표합니다.
 그런데 앞에서 살펴본 미국의 사이버 추모공간과 우리나라의 사이버 추모공간은 확연한 차이가 있습니다. 미국의 경우는 민간 특히 자살 유가족 단체 주도로 만들어진 데 비해 우리나라의 경우는 한국생명존중희망재단에 의해 만들어졌습니다.

미국의 경우 자살로 생을 마감한 고인을 공개하고 극히 일부의 예외도 있지만, 절대다수의 유가족이 자신의 이름을 공개하는 방식을 취하고 있는데 우리나라는 고인의 사진은 아예 없고, 대부분 고인의 이름이나 유가족도 공개하지 않고 있습니다.

미국의 경우에는 자살로 돌아가신 고인이나 유가족이 당당하게 공개되고 기리는 사이버 추모관인데, 우리나라의 추모관은 아직도 위축된 분위기가 유지되는 소극적인 사이버 추모관으로 보입니다.

문화적인 이유나 정서적인 차원으로 미국과 우리나라의 사이버 추모공간의 커다란 차이를 설명할 수 있겠지만, 그보다는 유가족 주도와 관 주도의 차이로 인해 발생한 게 아닌가 생각을 해 봅니다.

이런 차이가 있지만 자살 유가족이 추모의 뜻을 표현할 수 있는 공간이 마련되어 있다는 것 자체는 상당히 큰 의미가 있다고 봅니다. 아무리 제한적일지라도 '말할 수 있는 공간'의 존재 자체가 소중한 의미가 있는 것이니까요.

제가 이 추모공간에 글을 쓰신 분들을 만나서 이야기를 들어본 적은 없습니다. 하지만 저는 확신합니다. 이런 아쉬운 형태의 소통이라도 애도에 도움이 되고 조금은 마음이 편안해졌을 거라고. 그리고 고인과 소통을 시도하는 자살 유가족은 다른 유가족을 만나 소통하거나, 자조모임이나 지원그룹의 프로그램에 참여했을 가능성이 그렇게 하지 않은 분들보다 더 크다고 봅니다.

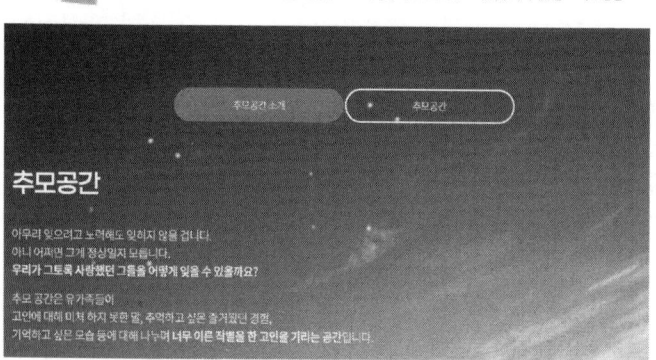

〈얘기함〉 추모공간 첫 화면

어떤 방식으로든 고인과의 소통을 시도하는 것은 바람직한 변화입니다. 여러분이 고인과의 불편한 마음을 응어리로 간직하고 있다면 이런 소통 시도는 그 어둠의 침묵에서 벗어나는 하나의 대안이 될 수 있습니다.

다른 유가족의 경험을
보고 듣는 것도 좋아요

　동병상련이라는 말이 있습니다. 유가족마다 겪은 경험이나 상황이 조금씩은 다릅니다만, 힘겨운 상황을 견뎌내려고 몸부림쳐온 다른 유가족들의 이야기는 비슷한 어려움을 겪는 나에게 힘과 용기를 북돋아 줄 수 있습니다. 다른 자살 유가족들의 고백은 나에게 큰 위로가 되기도 합니다. 다른 사람이 겪은 경험들이 나의 간접 경험이 되어 내가 시도해 볼 수 있는 일들을 찾는 데 도움이 될 수도 있습니다.

　저는 이 분이 우리나라에서 최초로 언론 매체를 통해 자살 유가족임을 스스로 밝힌 것으로 아는데요, 지금도 자살 유가족 자조모임을 만들어 활발하게 활동하고 있는 김혜정 선생님의 '세상을 바꾸는 15분' 강의 영상은 많은 유가족에게 진한 감동을 주는 동영상입니다.

https://naver.me/GedpLoud

김혜정 대표의 세바시 강의 모습(Source: 세바시)

또 하나 추천해 드리는 동영상은 갑자기 어머니를 자살로 잃은 유가족 조재훈 님이 만든 것입니다. 그가 겪은 커다란 아픔과 그 아픔을 견디기 위해 아프리카를 여행하고 전문가들을 만나 이야기를 듣고 성찰하는 과정이 담겨 있습니다. 조재훈 님은 영화감독이기도 해서 영상미도 있고, 전문가들과의 유익한 인터뷰도 좋습니다. 생명존중시민회의가 만든 유튜브 영상 링크입니다.

https://www.youtube.com/watch?v=Bq3rZHCg2Gs&t=29s

'우리 함께 우울증을 이겨냅시다' 동영상 한 장면

이외에도 자살 유가족 온라인 모임인 '미안하다 고맙다 사랑한다'에서 만든 심소영 님의 유튜브 영상도 많은 유가족이 추천하는 동영상입니다. 아버지를 자살로 잃은 심소영 님의 이야기를 문답 형식으로 소개하고 있는데요, 유가족이 자신을 이해하고 어려움을 이겨 나가는 지혜를 얻을 수 있습니다.

https://www.youtube.com/watch?v=l1XccvJf9cQ&pp=ygUu66-47JWI7ZWY64ukIOqzoOunmeuLpCDsgqzrnpHtlZzri6QnIOyLrOyGjOyYgQ%3D%3D

생명존중시민회의가 만든 유가족 정보경 님과의 인터뷰는 저와 정보경 님이 대화를 나누는 방식으로 만든 영상인데요, 남편을 자살로 잃은 유가족의 아픔과 극복을 위한 노력이 담겨 있습니다.

https://youtu.be/07xQH2-lPak

이런 영상들은 '나만이 겪는 아픔이 아니구나.' '저렇게 이겨내기도 하는구나.'라는 생각과 더불어, 어려움을 이겨내는 소소한 팁이나 지혜를 얻는 데 도움이 됩니다.

자살 예방을 총괄하는 한국생명존중희망재단이 운영하는 유튜브 채널 '얘기함'은 그 부제가 '자살 유족을 위한 채널'이라고 되어 있듯이 자살 유가족을 위한 여러 동영상을 모아 놓았습니다.

https://www.youtube.com/c/KPAC_TRT

〈얘기함〉의 자살 유족을 위한 채널

이 유튜브 채널에 2025년 3월 기준으로 94개의 영상이 업로드되어 있는데요, 업데이트가 계속 이루어집니다.

동영상들은 크게 다음 6개의 카테고리로 분류되어 있습니다.

- 사별 후 해야 할 일은 무엇일까요?
- 자살 유가족 이해하기
- 자살 유가족이 겪는 애도과정
- 사후 대응을 말합니다
- 얘기함(얘기해요, 기억해요, 함께해요)
- 세계 자살 유족의 날 기념행사

이들 영상 가운데 '고인의 유품을 정리해야 할까요? 그대로 두어야 할까요?' '고인의 체취가 담긴 집에서 이사를 해야 할까요?'를 비롯한 10여 개의 영상은 2분 30초 내외의 짧은 동영상으로 유가족 여러분의 고민을 다루고 있습니다.

'경찰 조사 과정에서 어떤 절차가 진행되나요?'와 같은 실무적으로 도움이 되는 영상부터 '사별 후 겪는 어려움, 그리고 하고 싶은 말'과 같이 유가족에게 닥치는 어떤 어려움들이 있는지, 그것을 어떻게 겪어나가야 할 지를 담담하게 소개하는 동영상도 있습니다.

자살 유가족들을 위한 여러 동영상 정보를 모아 둔 곳이 있다는 것을 기억해 두시고 필요하다고 생각될 때 방문해서 보시면 됩니다.

〈얘기함〉 자살 유가족을 위한 채널에 있는 동영상 콘텐츠들

신앙 공동체나 유가족 지원단체, 지역사회의 도움을 받으세요

 종교계는 자살 그 자체에 대한 경계심과 거부감이 컸고 그로 인해 유가족들에게 큰 상처를 주기도 했습니다. 하지만 최근에는 그런 부분이 크게 줄었고, 자살 유가족을 보듬고 함께 하고자 하는 노력이 많이 펼치고 있습니다. 유가족 가까이에 있기에 신앙 공동체나 지역사회는 멀리 계시는 친한 분들보다 실질적인 도움이 될 수 있습니다. 물론 서로 마음이 통하는 것이 가장 중요하지만, 물리적으로 가까운 거리에 나를 돕는 사람이 있다는 존재감 자체가 심리적 안정에 도움이 될 수 있기 때문입니다.

 칼라 파인은 말합니다. "도움을 요청하는 것은 모든 자살 유가족에게 반드시 필요하다. 그것을 지원 모임에서 구하든, 아니면 개인 심리 치료나 가족 상담 또는 영적인 위로에서 구하든 간에 말이다." 어떤 방식이든 유가족 개인에 맞는 도움을 찾고 그 도움을 받아야 합니다. 물론 많은 유가족이 증언하듯이 다른 자살 유가족과 함께 공감하고, 이야기를 나누는 과정은 유가족끼리 서로를 돕고, 위로하고 이해하는 과정입니다. 어려움을 딛고 일어서서 다른 유가족들을 보듬는 분들도 새 힘과 용기를 얻는다고 말합니다. 도움을 청하는 것은 결코 흉이 아닙니다.

혼자 힘들어하지 마세요

혼자 힘들어하는 건 결코 지혜로운 선택이 아닙니다. 여러분을 기꺼이 도와줄 뜻을 가진 사람들이 우리 사회 곳곳에 많이 있다는 것을 늘 기억하세요.

"자살 유가족을 기꺼이 지원하고 싶어 하는 전문가들이 많이 있습니다." 이것은 자살 유가족인 소재웅 목사님이 어느 공개 토론회 자리에서 하신 말씀입니다. 자살 유가족을 돕고 함께 하고자 기다리고 있는 분들의 지원을 받고자 한다면 언제든지 요청하세요. 여러분 주변이나, 단체, 유가족 지원 네트워크를 찾으세요.

도와주실 분들이 많이 있다고 말씀을 드렸지만, 유가족 여러분께는 잘 보이지 않는 것도 우리의 현실입니다. 일본이나 미국에 비한다면 우리는 그런 네트워크가 훨씬 빈약하니까요. 일본의 경우라면 여러분에게 유가족들의 전국 네트워크인 전국자사(自死)유족연락회와 지역별 자살 유가족 자조모임을 안내해 드릴 것입니다.

우리나라는 그 정도로 활성화되어 있지는 않지만, 여러 단체와 기관들이 자살 유가족을 지원하는 활동을 펼치고 있습니다. 전에 비해 많이 활성화되고 있고 나날이 발전하고 있습니다.

자료: 기독교자살예방센터 라이프호프

자살 유가족과 치유 상담 활동을 하고 있는 모습

물론 우리나라에서는 아직은 자살 유가족이 주도하는 지역별 모임을 안내해 드릴 수 있을 정도로 유가족 모임이 활성화되어 있지는 않습니다. 각 지역의 정신건강복지센터가 주관하는 자살 유가족 자조모임 안내는 뒤에 덧붙이겠습니다.

먼저 유가족 여러분께서 참고하고 활용할 수 있도록 자살 유가족 관련 활동을 펼치고 있는 단체나 모임을 중심으로 여기 소개합니다. 혹시라도 누락된 정보가 있다면 그것은 모두 제 부족한 능력으로 인해 생긴 문제입니다.

1. LifeHope 기독교자살예방센터

https://lifehope.or.kr/ ☎ 02-2138-0807

자살 유가족 및 자살 유자녀와 관련한 활동과 사업을 꾸준히 해온 단체로, 매월 한 차례 마음이음 정기예배를 드리고 있습니다.

예배 안내 : 매월 마지막 주 수요일 오후 7시,

장소: 도림감리교회, 서울 영등포구 도신로 19길 5(신도림역 2번 출구-마을버스 01번-도림사거리 하차)

라이프호프는 해마다 세계 자살 유가족의 날 문화행사인 '11월의 크리스마스'를 매년 11월 셋째주 토요일 개최해 왔고, 이 행사를 통해 자살로 상실을 경험한 유가족들을 위한 다양한 힐링 프로그램과 문화공연을 시행하여 서로 위로하고 서로 공감하는 회복의 자리를 만들어 왔습니다.

라이프호프는 또한 유가족 자조모임 '로뎀나무'를 운

영하고 있습니다. 또한 자살 유자녀들에게 장학금을 지원하는 사업을 10여 년간 꾸준히 진행해 왔고, 최근에는 이 사업을 한국생명존중희망재단과 함께 '희망둥지 지원 사업'으로 발전시켜 가족의 자살로 사별한 아동 및 청소년이 안정적으로 생활을 영위할 수 있도록 돕는 지원사업을 펼치고 있습니다. 이 밖에도 자살, 말할 수 있는 죽음' 등의 순회 포럼 행사를 진행하고 있습니다. 특히 기독교 신앙을 가진 자살 유가족이 지원을 요청하고 프로그램에 참여하면 큰 도움이 될 것입니다.

라이프호프 정기 예배 장면

2. 자살 유가족 온라인 모임, '미안하다, 고맙다, 사랑한다'

자살로 가까운 사람을 잃은 자살 사별자(유가족 혹은

생존자)들의 슬픔과 고통을 함께 공유하고 나누는 온라인 네트워크입니다. 간단한 까페 회원 가입 절차를 거쳐 참여 가능합니다.

2,300여 명의 회원들이 참여하고 있는데요. 유용한 정보와 함께, 어디에서도 하기 어려운 마음속 이야기를 서로 나누고 함께 하는 온라인 공간입니다. 다음 카페주소는 아래와 같습니다.

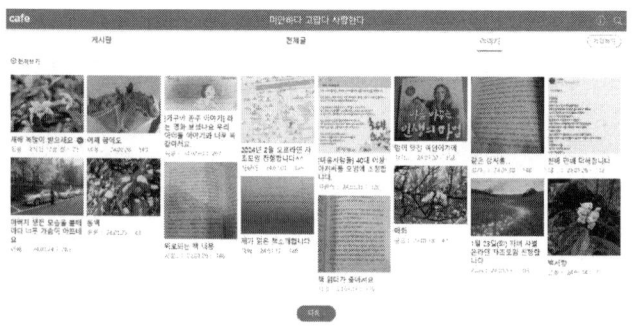

https://m.cafe.daum.net/suicidesurvivor

'미안하다, 고맙다, 사랑한다' 다음 카페 초기 화면

3. 자살 유가족 쉼터 새움

새움은 한국생명의전화가 설립, 운영하는 자살 유가족 쉼터입니다. 평일 오전 10:00 ~ 오후 6:00에 이용할 수 있고, 주말은 모임 진행시 운영이 가능합니다. 유가족들의 불편함을 최소화하기 위하여 새움은 자살 유가족들에 의한 운영을 원칙으로 하고 있습니다.

위치: 서울시 성북구 오패산로 26, 3층(월곡역 2번 출구). 2021년 11월 개관. ☎ 02-763-9195.

https://www.lifeline.or.kr/business/together.php

4. 자살 유가족 자조모임

자살 유가족 자조모임은 자살 유가족이나 생명 관련 시민단체들이 운영하는 모임도 있지만, 대부분은 지방자치단체 소속의 정신건강복지센터나 자살예방센터에 의해 운영되고 있습니다. 한국생명존중희망재단 홈페이지에는 전국적으로 2024년 12월 현재 143개에 달하는 자살 유가족 자조모임 관련 연락처를 정리해 두었는데요, 검색해서 링크를 클릭하면 각 해당 지자체나 유형별로 운영되는 각 유가족 자조모임 시기나 장소, 연락처 등을 확인할 수 있습니다.

한국생명존중희망재단 자조모임 안내

https://www.kfsp.or.kr/web/bereaved?

https://www.kfsp.or.kr/web/bereaved?pMENU_NO=368&page=4

No	지역	자조모임명	
1	인천광역시	포은(four 恩) (인천광역시)	보기
2	충청북도	토닥토닥 괜찮아(충북진천군)	보기
3	경상남도	첫번째 위로 (경남양산시)	보기
4	경상북도	제비꽃 (경북구미시)	보기
5	경기도	정거장(김포시)	보기
6	서울특별시	자작나무_형제/자매 모임 (서울)	보기
7	서울특별시	자작나무_자녀 모임 (서울)	보기
8	서울특별시	자작나무_부모모임 (서울)	보기
9	서울특별시	자작나무_배우자모임 (서울)	보기
10	서울특별시	자작나무_동료상담 (서울)	보기

한국생명존중희망재단 자살 유가족 자조모임 안내 1

각 자조모임의 우측에 있는 보기를 클릭하면 다음 페이지 그림과 같은 상세 안내 문구가 나옵니다. 지역이나 시간대를 보고 참석할 수 있는 곳을 정한 다음 전화를 걸어 확인하시고 참석하시면 됩니다.

현재 운영되고 있는 우리나라의 자조모임들은 만든 분들의 경험이나 운영 방식, 지원기관 등에 따라서 그 분위기가 상당히 큰 차이가 있다고 알려져 있습니다. 미심쩍다면 지인으로부터 추천을 받은 곳이나 역사가 길고 경험이 많다고 알려진 자조모임에 참여하는 것도 실망감을 줄일 수 있는 한 가지 방법입니다.

자료유형	서비스
제목	자작나무_자녀 모임 (서울)
서비스	자조모임
지역	서울특별시
전화번호	02-3458-1081
주소	
링크	
내용	□ 모임명 : 자작나무_자녀모임 □ 일정 : 2~7월, 9~12월 1주차 수요일 19시(월 1회) □ 대상 : 부모를 잃은 자살 유족 □ 문의 : 서울시자살예방센터 02-3458-1081 *참여 전 담당기관에 꼭 문의해주세요!

한국생명존중희망재단 자살 유가족 자조모임 안내 2

참여하시면 상당히 큰 도움을 받을 수 있는 자조모임이 있겠지만, 약간 실망감을 느낄 수도 있습니다. 일단 참여하셨다가 지속적인 참여 여부는 마음 가는 대로 편하게 결정하시면 됩니다. 처음부터 지나치게 큰 기대를 하기보다는 나를 보호하고 지지해 주는 안전한 공간이나 관계를 얻을 수도 있는 공동체라고 보고 참여하시면 될 것입니다. 불편함을 느끼셨다거나 그다지 도움이 되지 않는다고 생각되면 그곳 대신에 다른 자조모임을 찾으시면 됩니다.

마음을 다잡아야 할
명절이나 기념일, 기일

　어떤 죽음이든 애도가 이루어질 때까지 유가족들은 고인을 그리워하고 마음 아파합니다. 자살처럼 가족의 갑작스러운 죽음으로 인해 유가족들이 겪게 되는 아픔의 크기는 당연히 더 크기 마련입니다.
　그런데 고인의 기일이나 생일, 결혼기념일 같은 추억이 담긴 특별한 날, 또 명절이 가까워질 때 기분의 침체와 함께 마음이 무너지는 등 고인이 돌아가신 직후와 유사한 반응이나 변화가 나타날 수 있습니다.
　이러한 반응이나 변화는 '기념일 반응' 또는 '기일 반응'이라고 하는데요, 소중한 사람을 잃은 분들에게 자주 일어날 수 있는 자연스러운 일입니다. 자신을 비난하게 되거나 불안감이 엄습하더라도 이러한 감정을 무리하게 억제할 필요는 없습니다. 마음을 다잡으려고 다짐할 필요가 있지만, 혼자서 이겨내려고 안간힘을 쓰기보다는 친한 친구나 다른 유가족에게 시간을 함께 보내자고 요청하는 것도 좋습니다.

가까운 분들이 알아서 챙겨줄 수도 있겠지만, 그렇지 않은 상황이라면 기다리고만 있을 필요는 없습니다. 더 외롭고 더 아픈 이런 날에 누군가에게 요청한다면 그분들은 기꺼이 여러분께 찾아와 함께 할 것입니다.

"내일 나 그 사람 기일이라서, 꽤 힘들 거 같아. 함께 있어 줄래?" 이렇게 구체적으로 요청하시는 게 좋습니다.

보건복지부와 국가트라우마센터는 '안전하게 기념일을 보내는 4가지 방법(카드뉴스)'을 만들어 보급하고 있습니다. 다음에 정리한 내용을 참고하시면서 힘겹게 다가오는 '기념일 반응'에 대처해 보세요.

하나, 무엇보다, 누구보다 먼저 나를 생각하세요.
둘, 자신에게 적합한 방식으로 기념일을 보내세요.
셋, 도움이 필요하다면 주위 사람들에게 알리세요.
넷, 적극적으로 치료와 지원 방법을 찾아보세요.

하나, 무엇보다, 누구보다 먼저 나를 생각하세요

자신의 신체와 정신건강을 관리하는 것은 스트레스에 대한 저항성을 키우는 데 도움이 됩니다.

| 건강한 식사 | 규칙적인 운동 | 충분한 수면 |

복식호흡, 명상 등 이완요법 익히고 실천하기

술, 담배 등 피하기 | 관련 뉴스, SNS 등 과도한 자극에 노출되지 않기

왜 무엇보다, 누구보다 먼저 나를 생각해야 할까요?

결국 이 모든 상황을 견디고 그 속에서 평화를 찾아야 하는 것은 '나'이기 때문입니다. 나 자신을 돕는 법을 발견하는 것은 지름길을 찾는 것과 마찬가지입니다.

나를 생각해서 하는 일들은 소소하면서도 소중한 것들입니다. 건강한 식사, 규칙적인 운동, 충분한 수면, 명상 등이 예시된 것들입니다.

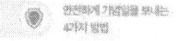

둘, 자신에게 적합한 방식으로 기념일을 보내세요

기념일은 각자의 방식으로 추모할 수 있습니다. 자신에게 가장 편안하고 도움이 되는 방식으로 보낼 수 있도록 하세요.

추모행사에 참여하기
추모공간에 방문하기
혼자 일기 쓰기 | 조용히 기리기

   기념일을 보내는 '자신에게 적합한 방식'을 찾아보세요. '추모행사 참여하기' '추모공간 방문하기' '혼자 일기 쓰기' '조용히 기리기' 등이 예시되어 있는데요, 내게 맞는 것은 결국 내가 가장 잘 알고 있겠지요? 심신의 상태나 전반적인 컨디션을 고려해서 선택하시면 됩니다.

셋, 도움이 필요하다면 주위 사람들에게 알리세요

신뢰할 수 있는 사람들과 마음을 나누세요. 필요하다면 적극적으로 도움을 요청하세요. 그리고 주위 사람들이 당신에게 관심과 도움을 제공할 수 있는 기회를 주세요.

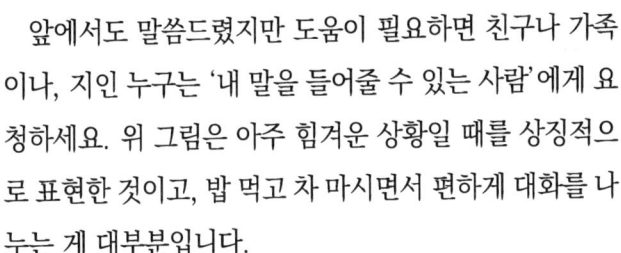

앞에서도 말씀드렸지만 도움이 필요하면 친구나 가족이나, 지인 누구는 '내 말을 들어줄 수 있는 사람'에게 요청하세요. 위 그림은 아주 힘겨운 상황일 때를 상징적으로 표현한 것이고, 밥 먹고 차 마시면서 편하게 대화를 나누는 게 대부분입니다.

그분들은 여러분을 도울 준비가 항상 되어 있다는 것을 기억하세요.

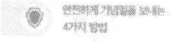

넷, 적극적으로 치료와 지원 방법을 찾아보세요

효과적인 치료와 지원은 시기와 상관없이 회복에 도움이 됩니다. 고통이 길어진다면 언제든지 정신건강 전문가를 찾으세요.

    저는 위에서 제시한 4가지 가운데 '자신에게 적합한 방식으로 기념일을 보내세요'라는 권고를 가장 강조하고 싶습니다.

    나에게 가장 편안하고 좋은 방식을 찾아 적용해 가면 기념일 스트레스에 대한 저항력을 기를 수 있을 거니까요.

애도의 과정 밟기

세상을 떠난 고인에 대한 애도는 상실을 겪은 모두가 밟게 되는 과정입니다. 애도에 관한 여러 정의가 있는데, 유사하면서도 조금씩 다릅니다. 저는 이들 정의 가운데 '상실에 대해 충분히 슬퍼하는 시간을 갖는 것' 혹은 '상실에 대한 분노와 슬픔의 감정을 충분히 느끼고 표출하여 자신을 돌아보게 만드는 것'이라는 정의에 가장 공감합니다. 이렇게 정의를 내린 전문가는 엘리자베스 퀴블러 로스(Elisabeth Kübler-Ross)인데요, 그녀의 책에서 사람들은 죽음을 받아들이기까지 일반적으로 다섯 단계를 거친다고 설명했습니다. 그 다섯 단계는 부정(Denial)-분노(Anger)-타협(Bargaining)-우울(Depression)-수용(Acceptance)입니다.[12]

---

12) Elisabeth Kübler-Ross, David Kessler(2005), 〈On Grief and Grieving〉의 저자인 엘리자베스 퀴블러 로스(1926-2004)는 스위스 태생의 정신과 의사이자 인도주의자이

이들 심리상태는 앞에서 다룬 자살 유가족에 나타나는 여러 심리적 현상과 맥이 닿아 있습니다. 자살 유가족들은 다른 사별(死別)에 비해 수용의 단계에 이르기가 쉽지 않고, 겪게 되는 고통이 크고, 애도에 시간이 오래 걸리는 게 일반적입니다. 엘리자베스 퀴블러 로스의 이론에 따라 애도의 다섯 단계를 상세하게 살펴보고 함께 이해해 보려고 합니다. 애도 전반에 대한 이해는 유가족의 치유에 큰 도움이 될 것입니다.

'부정(denial)'의 단계 - 부정에 은혜가 있다?

애도의 첫 단계는 부정입니다. 그게 아니라고, 그 일이 일어날 수 없는 거라고, 아니 일어나서는 안 된다는 식으로 현실을 인정하지 않는 것을 말합니다.

언뜻 생각하면 이 '부정(denial)'은 그다지 바람직하지 않은 감정처럼 보입니다. 뭐랄까 빨리 극복해 버려야 할 것 같은 낮은 수준의 정서가 아닌가 싶기도 합니다. 하지만 이 세계적으로 유명한 의사의 설명은 다릅니다.

"애도의 첫 단계는 상실을 이겨내는 데 도움이 됩니다. 이 단계에서는 세상이 무의미하고 압도적으로 느껴집니다. 삶이 말이 되지 않습니다. 우리는 충격과 부정의 상태

며 호스피스 운동의 공동 창시자임.

에 있습니다. 무감각해집니다. 우리는 어떻게 계속 살아갈 수 있을지, 계속 살아갈 수 있다면 왜 계속 살아가야 하는지 의문이 듭니다. 우리는 그저 하루하루를 버텨낼 방법을 찾으려고 노력합니다. 부정과 충격은 우리가 대처하고 생존을 가능하게 하는 데 도움이 됩니다. 부정은 슬픔의 감정을 조절하는 데 도움이 됩니다. 부정에는 은혜가 있습니다. 그것은 우리가 감당할 수 있는 만큼만 받아들이는 자연의 방식입니다."[13]

참 놀라운 통찰력입니다. 유가족 여러분이 자연스럽게 느끼게 되는 부정의 감정은 이렇게 대처 능력을 키워주고, 감정을 조절하는 데 도움이 된다는 것, 이렇게 볼 때 '은혜'라는 것입니다. 결국 우리가 갖게 되는 부정의 감정에는 우리가 감당할 수 있는 만큼만 정서적으로 받아들이게 하는 섭리가 있다는 것이 이분의 분석입니다.

'분노'의 단계 - 분노를 기꺼이 느껴보세요.

애도의 둘째 단계는 분노인데요, 우리는 앞에서 자살유가족이 느끼게 되는 분노에 대해서 잠시 살펴보았습니다. '나에게 왜 이런 일이...'라는 생각이 듭니다. 아무런

---

[13] Elisabeth Kübler-Ross, David Kessler(2005), On Grief and Grieving, p.8

내색도 하지 않고 떠나가신 분에 대해 화가 치밀기도 합니다. 분노의 감정은 자살 유가족이 가장 일반적으로 느끼는 정서이기도 하고, 시간이 흘러도 잘 해소되지 않는 감정이기에 조금 상세히 살펴봅니다. 이 분노에 대한 전문가의 분석은 다음과 같습니다.

"여러분은 이런 일이 일어날 것을 예상하지 못했다는 사실에 화가 날 수도 있고, 예상했을 때는 그 무엇으로도 막을 수 없었다는 데 화가 날 수도 있습니다. 소중한 사람을 구하지 못한 의사에게 화가 날 수도 있습니다. 여러분에게 소중한 사람에게 나쁜 일이 일어날 수 있었다는 그 사실에 화가 날 수도 있습니다.

여러분은 또한 혼자 남겨졌다는 사실에 화가 날 수도 있고, 더 많은 시간을 함께했어야 했는데 그렇게 하지 못한 데 화가 날 수도 있습니다. 여러분은 지적으로는 사랑하는 사람이 죽기를 원하지 않았다는 것을 알고 있습니다. 하지만 정서적으로 여러분이 알고 있는 것은 그가 죽었다는 사실, 그것밖에 없습니다. 그 일은 일어나선 안 되는 일이었고, 적어도 지금 일어나서는 안 되는 일이었습니다. (중략)

여러분은 또한 이런 일이 일어나는 것을 막지 못했다는 사실에 스스로 화가 날 수도 있습니다. 여러분이 그 능력을 지니고 있었다는 게 아니라 그런 의지가 있었다는 것입니다. 생명을 살리려는 의지가 죽음을 막을 수 있는 능력은 아닙니다. 하지만 무엇보다도 여러분은 예상치 못한, 부당한, 원하지 않는 상황에 직면하게 된 자신에게 화가 날 수 있습니다."14)

엘리자베스 퀴블러 로스가 쓴 책에는 이외에도 다양한 분노의 사례들을 담고 있습니다. 어린 시절에 자살로 사별을 경험한 분들은 수십 년이 지난 지금도 그런 분노와 트라우마 속에 살고 있는 분들이 적지 않습니다. 그런데 이분의 분석에서 '생명을 살리려는 의지가 죽음을 막을 수 있는 능력은 아닙니다'라는 표현이 특별히 마음에 와 닿습니다. 그 일이 내게 일어나서는 안 되는 일은 분명하지만 '죽음을 막을 수 있는 능력'이 나한테는 없었다는 것을 인지할 필요가 있다는 것이 전문가의 지적입니다. 의지와 능력은 다르니까요.

사실 분노는 스트레스의 중요한 원인이고, 이겨내야 할 감정입니다. 그런데 애도의 과정에서 분노는 상당히 중요한 요소입니다. 다만 우리 삶을 소모하는 수준까지 가서는 곤란하고, 관리되어야 한다는 것이 여러 전문가

---

14) Elisabeth Kübler-Ross, David Kessler(2005), On Grief and Grieving, pp.11-12.

의 조언입니다. 분노의 원인을 분석한 이분의 이야기를 좀 더 들어볼까요?

"분노는 치유 과정의 필수적인 단계입니다. 끝이 없어 보일지라도, 분노를 느낄 수 있도록 마음의 준비를 하십시오. 분노를 진정으로 느낄수록, 분노는 사라지기 시작하고, 치유도 더 빨리 이루어집니다. 분노 아래에는 다른 많은 감정(emotions)이 있는데요, 여러분은 그 감정을 언젠가는 느끼게 될 것입니다. 그러나 분노는 우리가 가장 잘 다룰 수 있는 감정입니다. 우리는 종종 감정들에 직면할 준비가 될 때까지 그 감정을 피하려고 분노를 선택합니다. 분노는 모든 것을 집어삼키는 것처럼 느껴질 수 있지만, 오랜 시간 동안 당신을 집어삼키지 않는 한 그것은 당신의 감정 관리의 일부입니다. 그것은 첫 번째 파도를 지나갈 때까지 유용한 감정입니다. 그러면 당신은 더 깊이 들어갈 준비가 될 것입니다. 슬픔과 비탄의 과정에서 당신은 다양한 형태의 분노를 여러 번 경험하게 될 것입니다."[15]

분노하는 나 스스로에 대해서 안도할 수 있는 것은 그것이 '감정 관리'의 일부이기 때문입니다. 분노는 우리의

---

[15] Elisabeth Kübler-Ross, David Kessler(2005), On Grief and Grieving, p.12.

일상에서 비교적 익숙하고, 잘 다룰 수 있는 감정이기도 합니다. 그래서 분노 속에는 치유의 새싹이 담겨 있다고 보는 것입니다. 그런데 유가족이 느끼는 분노의 범위에는 한계가 없습니다.

"사실 분노에는 한계가 없습니다. 분노는 친구, 의사, 가족, 자신, 그리고 세상을 떠난 사랑하는 사람에게까지 미칠 수 있을 뿐 아니라, 하나님에게까지 미칠 수 있습니다. 여러분은 이렇게 질문할 수 있습니다. "하나님은 어디에 있습니까? 그분의 사랑은 어디에 있습니까? 그분의 능력은 어디에 있습니까? 그분의 연민은 어디에 있습니까? 이것이 진정 하나님의 뜻입니까?""[16]

'나에게 왜 이런 일이?' '내가 뭘 어쨌다고?'

자신에게 이해할 수 없는 일이나 불행이 닥쳐왔을 때 자조적으로 자신에게 드는 생각들입니다. 특히 '나보다 더 거칠게 사는 사람들, 더 죄를 많이 짓고 사는 사람들은 멀쩡히 잘 사는데 왜 나에게만 이런 고통이 닥치는 거야?'라며 이해할 수 없는 상황에 화를 내게 됩니다.

'왜 절대자께서 내가 사랑하는 사람을 그렇게 방치하고, 돌보지 않으셨을까?' '지금이라도 그분께서 큰 실수

---

[16] Elisabeth Kübler-Ross, David Kessler(2005), On Grief and Grieving, pp.13.

를 하셨다는 것을 깨닫고 상황을 바로잡아야 하지 않을까?'라는 생각이 신앙심이 깊은 사람에게도 들게 마련입니다.

'무너진 나의 정서와 믿음은 어떻게 복원되어야 하는 것일까?'라는 생각마저 들지 않을 수도 있습니다. 내가 사랑하는 사람이 생을 마감한 후, 우리에게는 '가장 도움이 필요할 때 아무런 도움을 주지 않았던 그분'만 남았을 수도 있습니다. 그래서 더 화가 나고 힘들 수도 있습니다. 이런 분노의 밑바닥에는 고통이 있습니다. 우리들 자신이 버려졌다고 느끼는 것은 자연스러운 일입니다. 엘리자베스 퀴블러 로스는 이렇게 말합니다.

"지금은 분노를 표출하는 것이 여러분의 일입니다. 필요하면 소리쳐도 좋습니다. 한적한 장소를 찾아서 마음껏 울어내세요."[17]

이렇게 분노를 표출하는 게 도움이 될까요? 그렇습니다. 대책일 수 있습니다. 전문가의 통찰력이 돋보이는 해석을 살펴봅니다.

"분노는 힘이며, 상실의 공허함에 일시적인 구조를 부여하는 닻이 될 수 있습니다. 처음에는 슬픔이 바다에서

---

[17] Elisabeth Kübler-Ross, David Kessler(2005), On Grief and Grieving, p.14.

길을 잃은 것 같은 느낌, 즉 그 어떤 것과도 연결되지 않은 느낌입니다. 그러다가 장례식에 참석하지 않은 사람, 곁에 없는 사람, 사랑하는 사람이 죽고 나서 달라진 사람 등등 누군가에게 화를 냅니다. 갑자기 그들에 대한 분노라는 구조가 생깁니다. 그 분노는 망망대해를 가로지르는 다리가 되어, 나와 그들을 이어주는 연결고리가 됩니다. 분노는 붙잡을 수 있는 무언가이며, 분노의 힘으로 만들어진 연결은 아무것도 없는 것보다는 낫다고 느껴지게 됩니다."[18]

분노가 치유 과정에서 필수적이라는 분석은 그것이 건강한 것일 수 있음을 암시합니다. 비록 끝이 없어 보일지라도. 분노를 기꺼이 느껴보라는 전문가의 권고에는 역으로 '끝날 때가 있다'라는 의미가 담겨 있습니다. 여러분이 진정으로 분노를 강하게 느끼면 느낄수록 사라지기 시작할 것이고, 더 많이 치유될 것이라는 분석도 희망적입니다. 언뜻 듣기에는 모순 같은 표현이지만 이것은 실제 현실에서 상당히 자연스럽게 구현됩니다.

분노가 힘이 되고 세상과 연결하는 닻, 구조가 된다는 이분의 탁월한 통찰력에 감탄합니다. 분노를 왜 '기꺼이'

---

[18] Elisabeth Kübler-Ross, David Kessler(2005), On Grief and Grieving, p.15.

느껴야 하는지 알게 됩니다. 절망처럼 보이는 분노 속에 희망의 새싹이 움트고 있음을 보시기 바랍니다.

여러분이 이 과정을 혼자 겪으실 수도 있지만 전문 상담사의 도움을 받아서 애도 과정에 참여하게 되면, 여러분을 지원하는 상담자는 여러분이 분노를 표출하고 희망의 싹을 돋우는 과정이 자연스럽게 이루어질 수 있도록 도와줄 것입니다. 특히 어린 시절에 겪은 상처가 아물지 않은 채 마음 깊은 곳에 자리를 잡고 있다가 가끔 불안이나 분노로 표출되는 식으로 어려움을 겪고 있다면 상담사와 함께 그 응어리를 풀어나가길 권합니다.

'타협'의 단계 - 죄책감은 타협(Bargaining)의 동반자
애도의 셋째 단계인 타협에 대해서는 부정이나 분노에 비해 조금 짧게 다루려고 합니다. 상실의 고통이 너무나 크고 상황이 절망적으로 보일 때 우리에게는 무엇이라도 하고자 하는 마음이 생깁니다. 이때 타협이라는 형태의 감정이 나타나게 되는데요, 대표적인 것은 절대자나 초월적인 존재를 향해 기대고 애원하는 것입니다.

"살려만 주신다면 새로운 삶을 살겠습니다"라는 식의 간절한 외침입니다. 이 타협의 감정은 자살 유가족보다 병으로 고인과 사별하는 분들이 더 많이 겪게 되는 감정입니다.

"우리는 삶이 예전으로 돌아가기를 원합니다. 사랑하는 사람을 되찾기를 원합니다. 시간을 되돌리고 싶습니다. 종양을 더 빨리 발견하고, 질병을 더 빨리 알아차리고, 사고가 일어나지 않도록 막고 싶어 합니다. 만약에, 만약에, 만약에,.... 죄책감은 종종 타협의 동반자입니다. '만약에'라는 생각은 우리 자신과 우리가 다르게 행동할 수 있었다고 '생각'하는 것에서 잘못을 찾게 만듭니다. 심지어 우리는 고통과 타협할 수도 있습니다. 우리는 이 상실의 고통을 느끼지 않기 위해 무엇이든 할 것입니다. 우리는 과거에 머물면서 상처에서 벗어나기 위해 노력합니다."[19]

이런 타협은 때로는 과거가 아닌 미래와 이루어지기도 합니다. '아무 고통 없는 하늘나라에서 언젠가 다시 만나게 될 거야'라는 식으로.

타협의 감정은 상실이 가져온 좌절감이나 무력감을 극복하기 위해 초월적 존재를 끌어들여서 자신에 대한 통제력을 회복하려는 노력으로 볼 수 있습니다.

여기서 한가지 생각해야 할 것이 있는데요, 계단을 오

---

19) Elisabeth Kübler-Ross, David Kessler(2005), On Grief and Grieving, p.16-17.

르듯 우리의 애도 감정이 부정-분노-타협의 과정을 단계적으로 겪는 게 아니라는 것입니다. 사람의 감정이나 정서는 그렇게 단선적이지 않습니다. 복잡한 감정의 덩어리가 마음 가운데 이런저런 형태로 다르게 존재하는 것이 현실입니다. 유가족이 이들 각 단계를 선형적인 방식으로 들어갔다가 나오는 길을 걸을 수도 있겠지만 그런 경우는 오히려 적습니다. 한 단계를 느꼈다가 또 다른 단계로 옮겨갔다가 다시 첫 번째 단계로 돌아갈 수도 있다는 것입니다.

애도의 감정은 어느 한 단계에서 머무를 수는 없습니다. 특히 타협과 같은 비현실성에 기초한 감정의 단계에 머물기는 어렵습니다. 우리의 감정 상태가 어떻든지 우리는 결국 현실로 돌아오게 되어 있으니까요.

'우울'의 단계 - 우울 증상은 정신 질환의 징후 아니다

애도의 감정이 타협의 단계를 지나 현실로 돌아오게 되면 우울(Depression)의 감정이 강하게 나타나게 됩니다. 애도의 넷째 단계인 '우울'은 자연스러운 전개라고 할 수 있습니다. 전문가들은 이 애도의 단계에서는 초기에 비해 우울감이 더 깊고 강하게 나타나는 게 일반적이라고 말합니다.

"타협의 단계를 지나면 우리의 관심은 곧바로 현재로 옮겨갑니다. 공허한 감정이 나타나고, 슬픔은 상상 이상의 깊이로 우리 삶에 스며듭니다. 이 우울한 단계는 마치 영원히 지속될 것처럼 느껴집니다. 그런데 이러한 우울 증상이 정신 질환의 징후가 아니라는 점을 이해하는 것이 중요합니다. 그것은 커다란 상실에 대한 적절한 반응입니다. 우리는 삶에서 물러나, 극심한 슬픔의 안개 속에 남겨져 혼자서 계속 살아갈 필요가 있는지 의심마저 듭니다. 왜 계속 살아가야 할까? 아침이 왔지만, 당신은 신경 쓰지 않습니다. 머릿속의 목소리가 침대에서 일어나야 할 시간이라고 말하지만, 당신은 그렇게 하고 싶지 않습니다. 이유조차 없을 수도 있습니다. 삶이 무의미하게 느껴집니다."[20]

많은 사람이 상실 후의 우울증을 '부자연스러운 상태', 즉 빨리 극복해야 할 것, 고쳐야 할 것으로 여기곤 합니다. 이런 잘못된 생각으로 자살 유가족에게 친지들이 위로라고 건네는데 상처가 되는 대표적인 것 하나가 "이제 그만 잊어 버려"라는 말입니다. 소중한 분을 잃었는데 우울하지 않다면 그것이 도리어 이상한 일 아닐까요?

---

[20] Elisabeth Kübler-Ross, David Kessler(2005), On Grief and Grieving, p.20.

"사랑하는 사람을 잃는다는 것은 매우 우울한 상황이며, 우울증은 정상적이고 적절한 반응입니다. 사랑하는 사람이 죽은 후에도 우울증을 경험하지 않는 것이 드문 일입니다. 상실이 마음속에 완전히 자리 잡으면, 사랑하는 사람이 다시는 돌아오지 않을 거라는 사실을 깨닫게 되고 당연히 우울해집니다.

우리가 슬퍼할 때 사람들은 우리를 궁금해할 것이고, 우리는 우리 자신을 궁금해할 것입니다. 슬픔과 함께 찾아오는 우울증의 무겁고 어두운 감정은, 비록 정상적인 것이지만, 우리 사회에서는 치료해야 할 것으로 간주되는 경우가 많습니다. 물론, 치료하지 않은 임상적 우울증은 정신 상태를 악화시킬 수 있습니다. 그러나 슬픔의 경우, 우울증은 우리가 감당할 수 없다고 느끼는 무언가에 적응할 수 있도록 신경계를 차단함으로써 우리를 보호하는 자연의 방식입니다. 슬픔이 치유의 과정이라면 우울은 그 과정에서 필요한 여러 단계 중 하나입니다."[21]

상실이 가져다주는 깊은 우울감을 어떻게 보느냐가 중요한데요, 우울함을 느끼는 게 당연한 상황에서 겪게 되는 지극히 정상적이고 자연스러운 반응이라는 것을 인지

---

21) Elisabeth Kübler-Ross, David Kessler(2005), On Grief and Grieving, pp.20-21.

해야 합니다. 특히 이 '우울'이 치유의 과정에서 '꼭 필요한' 하나의 단계이고, 우리 자신을 보호하는 장치라는 전문가의 분석은 우리에게 힘을 줍니다. 유가족들이 겪게 되는 깊은 우울감은 결과적으로는 희망으로 볼 수 있는 것입니다. 다만 유의해야 할 것은 우울증이 지나쳐서 정신 상태의 악화로까지 발전하도록 방치해서는 안 된다는 것입니다.

'수용(Acceptance)'의 단계 - 고인과의 새로운 관계 시작
애도의 다섯째 단계는 수용인데요, 일어난 현실을 받아들이고 인정한다는 의미의 '수용'은 '괜찮다'나 '좋다'는 개념으로 혼동해서는 안 된다는 것이 전문가들의 지적입니다. 어떻게 사랑하는 사람을 잃은 것에 대해 좋거나 괜찮다고 느낄 수 있겠습니까. 수용의 단계는 사랑하는 사람이 이미 떠나고 없는 그 현실을 받아들이고, 달라진 현실이 바뀔 수 없다는 것을 인정하는 것을 말합니다. 현실이 좋지는 않지만 어쩔 수 없이 받아들이게 되는 것을 말합니다. 우리는 그 현실과 함께 사는 법을 배웁니다. 그것은 우리가 살아가기 위해 배워야 하는 새로운 표준(the new norm)입니다.[22]

---

22) Elisabeth Kübler-Ross, David Kessler(2005), On Grief

여기서 '새로운 표준'이라는 표현을 귀담아들을 필요가 있습니다. 낯설고 아쉽고 슬프고 화가 나는 현실이지만 우리는 사랑하는 사람이 없는 새로운 세상을 살아가야 합니다. 유가족들은 고인이 떠난 뒤 처음에는 현실을 부정하고 분노하고 슬퍼하면서 고인이 세상에 함께 했던 그때의 삶을 유지하려고 안간힘을 쓰기도 합니다. 하지만 안타깝게도 달라진 현실은 그런 노력이 우리를 과거로 되돌려주지 않는다는 것을 깨닫게 됩니다. 새로운 표준을 받아들이지 않으려는 것이 무위라는 것을 깨달았다가 다시 돌아가려 몸부림쳤다가 하는 오가기를 되풀이하면서 시간이 흐릅니다. 이 시간의 흐름과 함께 우리는 현실을 조금씩 받아들이게 되면서, 수용의 단계로 들어갑니다. 새로운 표준은 우리에게 역할의 조정이나 재구성을 요구하는데요, 고인이 담당했던 역할과 새롭게 늘어난 역할을 우리 스스로 맡아야만 합니다.

이 수용은 상당히 커다란 진전입니다. 왜일까요? 전문가의 분석을 그대로 옮겨 봅니다.

"다시 삶을 살아가기 시작하고 삶을 즐기게 되면서, 우리는 그렇게 하는 것이 사랑하는 사람을 배신하는 것이

---

and Grieving, p.25.

라고 종종 느낍니다. 우리는 잃어버린 것을 결코 대체할 수 없지만, 새로운 연결, 새로운 의미 있는 관계, 새로운 상호 의존성을 만들 수 있습니다. 감정을 부정하는 대신, 우리는 우리의 필요에 귀를 기울이고, 움직이고, 변화하고, 성장하고, 진화합니다. 우리는 다른 사람들에게 손을 내밀고 그들의 삶에 관여하기 시작할 수 있습니다. 우리는 우정과 자신과의 관계에 투자합니다. 우리는 다시 살아가기 시작하지만, 슬픔에 시간을 할애하기 전까지는 그렇게 할 수 없습니다."23)

애도의 과정 전반을 이해할 수 있도록 도움을 주는 분석입니다. 유가족들이 갑작스레 닥친 현실을 부인하고, 분노하고, 타협하고, 우울을 겪는 그 과정에 충분히 시간을 할애했을 때만이 다시 새로운 삶을 살아갈 힘과 지혜를 얻을 수 있다는 것을 알 수 있습니다. 그토록 힘겨운 애도의 과정이 사실은 치유의 과정인 것입니다.

더구나 새로운 연결, 새로운 의미 있는 관계, 새로운 상호 의존성이 우리를 기다리고 있습니다. 커다란 아픔을 겪었기에 더 성숙한, 더 아름다운 연결성을 만들 수도 있을 것입니다. 수용의 과정을 통해서 진전된 우리의 인식

---

23) Elisabeth Kübler-Ross, David Kessler(2005), On Grief and Grieving, pp.27-28.

은 고인과 우리의 관계도 변화시킵니다. 고인과 유가족이 더 가까워지게 됩니다.

"치유하면서 우리는 우리가 누구인지, 사랑하는 사람이 생전에 누구였는지를 알게 됩니다. 이상하게도 슬픔을 겪으면서 치유하는 과정은 사랑하는 사람과 우리를 더 가까워지게 해줍니다. 새로운 관계가 시작됩니다. 우리는 사랑했던 고인과 함께 사는 법을 배웁니다. 우리는 찢어진 조각들을 다시 붙이려고 노력하면서 재통합의 과정을 시작합니다."24)

여기서 '이상하게도'라는 표현이 인상적입니다. 감정의 격랑을 지나면서 돌아가신 고인과 멀어질 것 같은데, 오히려 더 가까워지게 된다는 그런 의미가 담겨 있습니다. 치유는 나의 회복만이 아니라, 돌아가신 고인과의 관계 회복을 의미하는 것입니다. 이런 의미에서 우리는 애도의 과정을 밟아 나감으로써 회복과 치유를 해야 합니다.

자살 유가족들은 치유의 과정에서 유가족이나 고인 자신에게 너무 이른 시기에 일어난 게 분명한 그분의 죽음에 대한 상식적인 이유를 파악하게 됩니다. 정확하게 그

---

24) Elisabeth Kübler-Ross, David Kessler(2005), On Grief and Grieving, p.25.

이유를 알 수는 없지만, 그분은 너무 힘들었거나 이런저런 압박을 받아 내몰렸거나 고통과 질병으로 가득 차 있었을 수도 있습니다. 수용의 단계에서는 이런 현실 인식을 기반으로 '내 삶'을 모색해 나갈 수 있게 됩니다.

"(고인의) 몸이 지쳐서 삶의 여정을 마무리할 준비가 되었을 수도 있습니다. 하지만 우리의 여정은 여전히 계속됩니다. 우리는 아직 죽을 때가 아니라, 우리가 치유할 때가 된 것입니다."[25]

수십 년이 지나도 애도가 되지 않은 유가족들도 있어

어린 시절에 부모의 자살을 겪은 유가족들 상당수가 안타깝게도 수십 년이 지난 지금까지도 애도나 치유가 제대로 되지 않은 상태로 지내고 있습니다. 특히 그분들 중에는 잘 이겨냈다고 생각하면서 살고 있는데, 과거의 아픈 기억이 잠재의식이나 무의식 속에 자리를 잡고 있다가 어떤 특정한 상황에서 튀어나오곤 합니다.

20여 년 전 아버지의 자살, 뒤이어 어머니의 암 발병으로 연달아 부모를 잃고 어렵게 삶을 살아온 유가족이 있습니다. 이분은 힘겹게 어린 시절을 보낸 뒤 나름 잘 견뎌

---

[25] Elisabeth Kübler-Ross, David Kessler(2005), On Grief and Grieving, p.25.

왔다고 생각했는데, 대인관계나 결혼 준비 과정에서 문제가 발생해 상담사를 찾아가게 되었습니다. 상담을 진행하는 과정에서 그동안 밝히기를 꺼렸던 아버지의 죽음에 관한 얘기가 나왔습니다. 그 과정에서 무의식 속에 자리잡고 있던 트라우마가 불거져 나와서 다른 사람들에게 투사하곤 했던 자신을 확인하게 됩니다. 아버지에 관한 문제가 애도 프로세스를 거치면서 비로소 다루어지고 풀리게 되자 그분은 한결 밝아집니다. 이제는 누구에게도 도무지 하지 않던 부모님에 관한 이야기도 자연스럽게 할 수 있게 되었습니다.

이분의 사례에서 보듯 감춰진 상처는 덮는다고, 오랜 시간이 흐른다고 해결되는 게 아닙니다. '직면'이 필요합니다. 유가족 스스로 그 과정을 해낼 수도 있지만 앞의 사례에서 보듯 상담사와 함께 문제를 푸는 것도 좋습니다. 지방자치단체마다 설치되어있는 건강가정지원센터 등을 찾아가면 비용 부담을 크게 느끼지 않고 도움을 받을 수 있습니다.

유가족이 겪어내야 할 4가지 과업

애도에 관한 대표적인 이론 하나를 더 소개해 드리고자 합니다. 보건복지부와 중앙심리부검센터가 자살 유가족의 애도 과정을 지원하기 위해 마련한 온라인 애도 지원 서비스인 '얘기함'이 있는데, 이 애도 프로그램이 기반으로 하고 있는 이론이기도 합니다.

상담학자 윌리엄 워든(W. Worden)이 쓴 〈슬픔 상담과 슬픔 치료(Grief Counseling and Grief Therapy)〉는 상실과 상실감의 분야에서 기초적인 텍스트로 널리 알려져 있습니다. 이 책에서 워든은 상실 이후에는 일반적으로 다음 4가지 과업을 유가족이 겪어내야 한다고 말합니다.[26]

첫째 단계, '상실'이라는 현실을 받아들이기

상실을 현실로 받아들이지 않고 부정하는 것은 '상실'의 아픔과 무게를 서서히 흡수할 수 있다는 면에서는 긍정적인 면도 있습니다. 하지만 지나치게 오랫동안 이런 태도를 유지하거나 방치하는 건 바람직하지 않습니다. 현실을 있는 그대로, '그분이 이제는 떠나고 없다'라는 현실을 회피하지 않고 받아들여야 합니다. 사랑했던 그

---

[26] W. Worden, Grief Counseling and Grief Therapy, Fifth Edition: A Handbook for the Mental Health Practitioner - Grief Counseling Handbook on Treatment of Grief, Loss and Bereavement; Dan Bates, The 4 Tasks of Grieving, 박정하, 상실의 슬픔과 애도, 서울시50플러스포털 등에서 인용

분은 이제 세상을 떠났습니다. 부정을 통해서 상실을 없었던 일로 만들 수 없습니다. 안타깝지만 이 받아들이는 것, 수용이 앞으로 나아가는 첫 번째 단계입니다.

앞에서 다룬 엘리자베스 퀴블러 로스의 애도 이론에서는 이것이 마지막 단계였습니다. 이 단계에 이르기까지 여러 감정의 단계를 거친다는 것을 살펴본 바 있습니다. 윌리엄 워든은 '상실'을 현실로 받아들이는 것을 애도의 첫 단계라고 봅니다. 두 애도 이론에 차이가 있다는 것을 참고로 하면서 그의 애도 이론을 살펴보려고 합니다.

둘째, 슬픔의 고통을 겪어나가기

유가족은 남의 눈치를 보거나 문화적 요소, 죄책감 등 여러 가지 이유로 슬퍼하는 것을 유보하거나 회피할 수 있습니다. 괜찮은 척하기도 합니다. 회피는 도움이 되지 않을 뿐만 아니라 우리의 고통을 가중시킬 뿐입니다.

사랑하는 사람을 자살로 잃는다는 것은 믿을 수 없을 정도로 고통스럽고 복잡한 경험입니다. 슬픔의 고통은 죄책감이나 분노, 혼란스러움과 같은 여러 감정과 함께 찾아오기도 합니다. 이러한 감정을 표현하고 처리하는 구체적인 방법을 찾는 것은 치유를 위해 필수적입니다. 유가족 여러분은 '상실'의 아픔을 경험해야 합니다. 울고 싶은 대로 울어야 합니다. 슬픈 감정을 의식 속에 허용하고, 그 감정을 처리하기 위한 적절한 방안을 찾는 게 더 바람직합니다. 신뢰할 수 있는 친구, 멘토, 상담사 또는 가족과 함께한다면 더 쉽게 슬픔의 고통을 겪어나갈 수 있을 것입니다.

슬픔 일기를 써서 자기의 생각, 감정, 기억을 기록하거나, 자신의 고통과 치유 과정을 반영하는 시나 창작물을 써 보는 것도 유의미한 대안입니다.

말로 표현하지 않고 감정을 처리하는 방법도 여러 가지가 있습니다. 노래를 쓰거나 그림을 그리거나 비디오를 만드는 것이 취미라면, 그 일을 하십시오. 고인의 사진, 메모, 기념품을 활용해서 스크랩북이나 추억의 책을 만들어 보라고 권하는 전문가의 조언도 있습니다.

슬픔과 고통의 감정은 자연스러운 것입니다. 한 걸음 더 나아가 고인에 대한 좋은 기억이나 추억들을 회고하고 말할 기회를 가지게 된다면 애도는 더 성숙한 방식으로 이루어지게 될 것입니다. 물론 이것이 쉽게 가능한 일은 아닙니다. 스스로 준비가 되었다고 느껴질 때 자신의 이야기를 공유하는 것은 고통을 이겨내는 데 큰 도움이 될 수 있습니다.

하이킹이나 요가, 자전거 타기 같은 활동에 참여하

여 쌓인 감정을 풀어보는 것도 좋습니다. 심호흡이나 명상은 긴장을 푸는 데 도움이 됩니다.

한 걸음 더 나아가 어디선가 자원봉사를 하는 수준까지 발전한다면 이미 슬픔의 고통에서 성큼 벗어나 있는 것으로 볼 수 있을 것입니다.

셋째. 고인이 없는 새로운 환경에 적응하기

사랑하는 사람이 세상을 떠난 뒤 우리의 삶은 예전과 같지 않습니다. 그런데 고인이 없는 삶에 적응해서 살아가는 것을 사랑하는 사람에 대한 배신이라고 생각하기도 합니다. 하지만 고인은 세상을 떠나면서 만들어진 새로운 환경에 적응하는 것은 너무나 당연한 일이고 필요한 일입니다. 변화된 환경에 맞는 새로운 기준이 필요합니다. 앞에서 살펴본 엘리자베스 퀴블러 로스의 애도 이론에서도 '새로운 기준'의 필요성을 살펴본 바 있습니다.

새로운 환경에 적응하는 것은 사랑하는 사람이 없는 일상생활에서 어떻게 기능하는지 배우고, 그들이 한때 맡았던 새로운 역할이나 책임에 적응하는 것을 말합니다. 일상생활, 예를 들면 가사일, 간병, 재정 관리 등의 역할과 책임을 점차 나눠 맡아야 합니다. 일상생활을 재구축하는 것도 필요합니다. 예를 들어, 고인이 항상 저녁을 준비해 주셨다면 새로운 식사 시간의 전통을 만들 필요가 있씁니다. 이렇게 고인의 빈자리를 대신하는 역할을 직접 하는 데 익숙해져야 합니다.

고인이 정서적 또는 실질적 측면에서 중심적인 역할을 담당했었다면, 그 역할을 대신할 수 있는 지원과 역할의 원천을 마련해야 합니다. 쉬운 일은 아니지만 현실적인 대안 마련이 이루어지지 않으면 이것이 가정이나 개인들 각자의 삶에 커다란 부담으로 다가올 수 있습니다.

내적으로는 고인의 빈자리를 전제로 한 정체성을 확립하는 것도 중요한 과제입니다. 고인의 역할이 커서 거기에 의지했던 경우 정체성 혼란을 느낄 수 있으므로 새로운 정체성 확립이 꼭 필요합니다. 시간이 꽤 걸리게 되고 그 과정에서 일어나는 아픔을 감내할 수 있어야 합니다.

넷째. 새로운 삶을 시작하면서 고인과 지속적인 관계 찾기

그분은 여전히 내 곁에서 사라졌고 보이지 않지만, 여전히 여러분의 일부로 남아 있습니다. 고인에게서 경험한 기쁨과 따뜻함은 항상 여러분과 함께할 것입니다. 고인과 함께한 시간을 선물이라고 생각해 보세요. 잃어버린 것에 집중하기보다는 사랑했던 사람에게서 받은 것에 관심을 기울이세요.

고인을 추모하고 기억하는 활동을 통해 감정적으로 안정을 찾아가면서 상실의 슬픔을 통과하게 되면 보다 성숙한 나로서 새로운 삶을 살아 나갈 수 있게 됩니다. 고인과의 소중한 순간과 추억은 기쁨과 힘의 원천으로 작용할 수 있을 것입니다.

위의 4가지 과업에서 중요한 것은, 각각의 슬픔은 모두 개별적이고 독특하며 선형적이지 않다는 점입니다. 즉, 위의 과업들이 시간표처럼 순서대로 지켜져야 한다는 게 아닙니다. 때로는 앞의 단계로 되돌아가 반복하면서 이들 과업을 치러내게 되면 애도 과정이 마무리됩니다.

상담사와 함께 이런 애도 프로세스를 함께 진행하는 것도 가능하지만, 직접 대면 형태로 상담하는 게 부담스럽다고 느끼는 유가족들은 얘기함의 링크에 접속해서 애도 과정을 점검하는 것도 좋습니다.

얘기함 링크 : https://www.kfsp.or.kr/trt

이 '얘기함'은 자살 유가족이 수행해야 할 과업을 중심으로 구성된 애도 프로그램과 자살 유가족 동료지원 활동가와의 소통을 통해 심리적 지지를 나눌 수 있는 이야기 공간입니다. 자살 유가족을 위한 온라인 비대면 프로그램입니다. 유가족이 사회적 낙인에 대한 우려나 경제활동 등 현실적인 문제로 인해 전문기관을 방문하여 유족 지원 서비스를 이용하는 데 여러 제약 요인이 있음을 고려하여 이 비대면 서비스를 만들었다고 합니다.

얘기함 초기 화면

이 애도 프로그램은 워든의 '유족이 수행해야 할 4가지의 과업'을 중심으로 구성되어 있고, 애도 단계에서의 과업 수행을 위한 지식을 전달합니다. 여기 접속하면 자살 유가족의 정서와 인지 및 행동에 있어서 역기능을 스스로 점검하고 실천할 수 있도록 구체적인 전략을 제시합니다. 하지만 이 사이트에 접속하면 고지되어 있듯이 이 프로그램은 전문 치료 수준의 지속적 복합사별 장애, 우울증, 불안 또는 기타 정신건강 문제, 자살위험을 치료하게 설계되어 있지는 않으며, 치료가 필요한 경우 의사 또는 전문자격을 갖춘 정신건강 전문가와 상담, 치료를 받는 것이 바람직합니다.

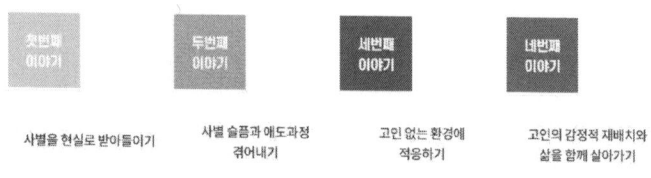

얘기함 4단계 에도 프로그램

자살 유가족이 로그인을 통해 참여할 수 있는 이 프로그램은 4회기(매주 1회기 참여 가능, 총 4주 과정, 4단계 과업 제목과 동일)이며, 소요시간은 30분입니다.

얘기함의 애도 프로그램은 온라인이라는 한계는 있지만, 애도 과정을 밟는 데 있어서 도움을 얻을 수 있는 하나의 채널이므로 스스로 애도 상황을 진단하고 활용해도 좋을 것입니다.

애도는 내려놓는 과정입니다. 즉 상실을 있는 그대로 받아들이고 상실과 함께 살아가는 법을 배우는 과정입니다. 유가족이 상실에 적응하기 위해서는 고인의 죽음은 돌이킬 수 없다는 그 최종성을 인정하고, 그것이 자신에게 어떤 의미인지를 이해해야만 합니다.

사랑하는 사람의 죽음은 감당하기 힘든 일이지만, 이미 많은 분들이 자신의 노력과 가족이나 친구들의 도움으로 슬픔의 과정을 견뎌내고 평온한 일상을 되찾았습니다. 혼자 힘으로 돌보고 치유하는 것만으로 역부족이고 느끼시면, 주변 사람들의 도움 제안을 받아들이고, 필요할 경우 반드시 상담을 받으십시오. 정신건강복지센터나 건강가정지원센터를 찾아가 상담 신청을 하시고 상담사 선생님을 만나십시오.

슬픔은 사랑의 한 형태입니다. 우리의 슬픔 속에는 고인에 대한 사랑이 담겨 있습니다. 그런데 고인에 대한 슬픔이 너무 깊어서 지나치게 오래도록 여러분의 삶이 앞으로 나아가는 데 어려움을 겪고 있다면, 내 힘만으로는 치유가 어려울 수 있다는 표시로 볼 수 있겠지요. 이럴 때 우리에게는 전문가의 도움이 필요합니다. 그것을 나의 부족함 때문이라고 생각할 필요도 없습니다. 그냥 다른 사람과 함께 풀어가는 게 더 바람직한 성격의 일이라고 생각하시면 됩니다.

　앞에서 우리는 애도와 치유에 도움이 되는 구체적인 방법들을 살펴보았는데요, 그중 몇 가지를 여러분의 삶에 적용해 나간다면 작은 변화가 시작될 것입니다. 그것조차 쉽지 않다면 언제나 여러분을 도와주려고 기다리고 있는 전문가와 함께 하시면 됩니다. 그 어떤 상황에서도 희망을 잃지 마세요.

아이들에게 "자살이었어"라고 밝히기

　아이들이 성장할 때까지 십수 년 동안 남편이 사고로 돌아가셨다고 선의의 거짓말을 하면서 살아온 한 유가족이 있습니다. '자살이었어'라고 말하지 못했던 그분이 아이들에게 '고백'을 준비하는 과정에서 말씀을 나누었습니다. 많은 고민 속에서, 미안함과 불안감을 느끼며 '고백'을 준비하던 그분의 긴장과 떨림을 기억합니다. 아이들이 원망의 말을 하면 어떨까, 아이들이 그 말을 듣고 충격을 받아 좋지 않은 쪽으로 변하면 어떻게 할까.. 이런 염려와 걱정 속에서 이루어진 '고백'은 잘 마쳤습니다. 염려와 걱정은 기우였습니다. 아이들도 어렴풋이 짐작하고 있었다고 말하고, 홀로 온갖 어려움 속에 자기들을 길러주신 데 대한 감사로 눈물의 '고백'에 이은 '하나됨'이 있었다고 합니다.
　유가족이 아이에게 상처를 주지 않으면서 자살이었다

고 밝히는 방법은 없을까요? 쉽지 않은 문제지만 미국의 〈자살 유가족 핸드북〉을 참조하여 대안을 생각해 봅니다.

 어른들에게 큰 혼란을 주듯, 자살은 아이들에게 혼란을 가져다줍니다. 아이들은 호기심이 많고, 어른들에 비해 질문하는 것을 덜 부끄러워합니다. 다른 아이들과 자신의 감정을 기꺼이 나누려는 성향도 강합니다. 미국의 〈자살 유가족 핸드북〉은 이렇게 단언합니다.

 '무엇보다도 아이들을 현실로부터 보호하겠다는 의도로 거짓말을 해서는 안 됩니다. 늘 그렇듯이, 결국 진실이 밝혀질 때 나중에 (그리고 더 큰) 잠재적 트라우마를 만들어 낼 것입니다. 아이들의 나이에 따라, 아이들은 당신이 잃어버린 사람이 '그의 뇌 안에 병이 있었고, 그것이 그를 더는 살고 싶지 않게 만들었다.'라는 것을 배울 수 있습니다. 자살한 사람을 나쁜 사람으로 묘사하지 않으면서도, 그들의 선택은 옳지 않았다는 것을 분명히 하는 것 사이에서 신중한 균형을 이루어야 합니다. 그래야만 아이들에게 자살이 용납될 수 있는 행동이 아니라는 것을 명확하게 가르칠 수 있습니다.

 병에 걸리거나 슬퍼하는 모든 사람이 그것으로 죽는 것은 아니라는 것을 설명하는 것도 중요합니다. 병에 걸리거나 우울함을 느끼는 사람들에게 유용한 도움의 손길이 있다는 것을 가르쳐주셔야 합니다. 의사나 친구들, 상담사, 봉사단체들, 공공기관들, 시민단체들, 그리고 여러분에게서 도움을 받을 수 있다는 것을!'

아이들도 진실을 알 권리가 있습니다

이와 관련해서는 자살 유가족 권리장전을 떠올려 봅니다. 권리장전에서 자살 유자녀와 관련된 권리는 다음 두 가지입니다.

- 나는 내 가족이나 당국으로부터 나의 질문들에 대해 정직한 답변을 들을 권리가 있다.
- 다른 사람들이 내 슬픔을 덜어줄 수 있다고 생각하면서 나를 속이는 일을 당하지 않을 권리가 있다.

이들 두 권리가 아이들이라고 해서 예외일 수는 없습니다. 아이들도 진실을 알 권리가 있으며, 보호한다는 미명으로 사실과 다르게 이야기를 했다가 그들이 바라지 않는 시간에, 원하지 않는 당혹스러운 방식으로 진실과 마주하게 됐을 때 받는 충격은 상당히 클 수 있고, 속았다는 배신감이 작동하여 가족 관계에 부정적인 영향을 끼칠 수도 있다는 것을 유념해야 합니다.

아이들에게 아직 진실을 밝히지 않았다면, 앞에서 말

한 유가족처럼 일정한 준비를 하고, 계기를 만들어서 진실을 말하고, 숨긴 의도가 상처를 주지 않기 위한 선한 동기에서 이루어진 것임을 공유한다면 충격을 줄이고 가족애를 유지할 수 있을 것입니다. 무엇보다 중요한 것은 아이들과의 공감이니까요.

고인의 죽음에 관한 진실을 아이들과 공유하는 것은 알아야 할 것을 알려주는 배려이자 내가 답답한 속박에서 벗어나는 치유의 발걸음입니다. 지혜롭게 잘 준비한다면 아이들과의 관계는 더 좋아질 것입니다.

사회적 외침도 치유에 도움

 자살로 세상을 떠난 고인과 유가족에 대한 사회의 따가운 시선은 사회적 소수자, 사회경제적 약자에 대한 우리 사회 전반의 냉혹한 시선과 유사합니다. 그런데 자살 유가족들이 우리 사회를 자살로 내몰지 않는 사회, 더 안전한 세상을 만드는 데 힘을 보태겠다는 마음가짐으로 나름의 활동을 전개한다면 어떻게 될까요?

 그런 변화는 단순히 고인과 자신을 지키는 데 머물지 않고, 사회적 의미를 지닌 차원으로 승화될 수 있습니다. 혼자 힘들어하는 상황에서 벗어나 함께 확보하게 되는 방어막은 단순히 나를 보호하는 데 머물지 않고 사회적 의미와 맥락을 갖게 될 것입니다. 유가족 지원단체들이 이따금 사회적 활동을 펼치는 것은 바로 이 때문이라고 봅니다.

 개인적 차원에서 한 걸음 더 나아가 사회적 차원에서

자살 유가족이 목소리를 내는 것은 어떤 것들이 있을지를 생각해 봅니다. 개인적인 목소리 내기와는 상당히 달라질 것입니다.

- 유가족 자조모임의 단체 활동이나 프로그램에 참여하는 것
- 자살대책기본법 제정, 유가족 지원 강화 시스템을 구축하도록 촉구하는 모임이나 토론회 등에 참여하는 것
- 생명운동 단체의 활동에 참여하는 것
- 세계 자살 유가족의 날 행사에 참여하는 것
- 정부의 자살예방 정책의 변화나 제도 개선을 위한 노력이나 활동에 참여하는 것

두서없이 써 보았는데요, 위 예시에서 볼 수 있듯이 사회적 차원의 목소리 내기는 상당히 부담스러운 것들입니다. 결단을 내리거나 다짐을 하지 않으면 쉽게 할 수 있는 것들이 아닙니다. 참여해 보시라고 권하기도 쉽지는 않습니다. 그래서 다른 나라의 사례들을 살펴보면서 이 부분을 다뤄보고자 합니다.

미국에서 유가족들이 '목소리를 내는' 하나의 사례를 살펴봅니다. 미국 자살방지 재단(the American Foundation for Suicide Prevention) 매사추세츠 지부는 자살을 없애기 위한 '어둠 밖으로 걸어 나오기' 걷기 행사를 개최합니다. 언론에 보도된 2021년 9월 18일(토)에 열린 행사에는 약 천 명의 시민들이 참석하여 3마일 걷기 행사를 개최했습니다. 이 걷기 행사에는 시민들과 함께 부지사를 포함한 지역사회의 주요 인사들이 참석했습니다. 이 행사에 참여한 자살 유가족 리키 듀란(Ricky Duran)은 자살로 아버지와 가장 친한 친구를 잃은 그의 개인적인 경험을 참석자들과 공유했습니다. 이 걷기 대회에서는 10만 달러 이상의 기금을 모았는데요, 이 기금은 자살 예방을 위한 지역사회 프로그램들과 자살 퇴치 연구에 활용됩니다.

이 걷기 대회 행사를 주관한 제시카 제케이라(Jessika Zequeira) 회장은 다음과 같이 말합니다. "저는 이 행사에서 가장 중요한 것은 사람들이 이 행사를 통해 어둠 속에 숨어서 머물러서는 안 된다는 것을 깨닫게 되는 거라고 봅니다. 그래서 우리는 이 대회를 '어둠 속에서 걸어 나오기'라고 부릅니다. 자살이나 정신적 괴로움, 이와 비슷한 모든 문제는 사람들이 침묵하면서 홀로 남겨졌기 때문에 일어납니다. 불행하게도 이런 상황은 그들이 자기 혼자라고 생각하고 의지할 곳이 없다고 느끼면서 그렇게 귀결된 것입니다. 따라서, 사람들이 저와 같은 사람들이 있다는 것을 이해하는 것이 매우 중요합니다. 외롭고 힘들게 견디는 게 무엇인지를 아는 사람들이 있습니다. 여러분은 혼자 그렇게 고군분투할 필요가 없습니다."

자살 유가족들은 이런 행사에 참여할 뿐만 아니라, 참석한 시민들과 자신이 겪고 있는 어려움과 경험을 나눕니다. 이런 과정은 결국 어려움을 함께 극복해 나가는 하나의 해결 방안이 되기도 합니다. 개인적 차원의 목소리 내기가 개인의 회복에 도움을 주는 것은 물론이고 사회적 차원의 외침으로 승화되는 것입니다.

유가족의 사회적 외침을 보여주는 또 다른 사례는 일본에서 살펴봅니다. 앞에서 잠시 다룬 일본 전국자사(自死)유족연락회 다나카 사치코(田中幸子) 회장의 이야기입니다.27) 상당히 긴 원고인데요, 사회적 차원의 외침이 무엇인가를 잘 보여주고 있다고 판단되어 소개합니다.

안녕하세요, 다나카 사치코(田中幸子)라고 합니다.

---

27) 지난 2007년 9월 20일 열린 미야기현민회관에서 열린 〈宮城県(미야기현) 자살대책 포럼 2007〉 행사에서 다나카 사치코(田中幸子) 회장이 '자살 유족의 소리(自死遺族の声)'라는 이름으로 발표한 내용의 일부임.

오늘은 지사님을 비롯한 행정을 담당하시는 분들, 관심 있는 많은 분이 와주셨고, 이 단상에서 이야기를 드릴 수 있게 되어 감사드립니다. (중략)

자살(자사), 생소한 말이라고 느끼시는 분들도 계시지 않을까 싶은데요, 여러분은 어떤 것을 상상하시나요? 괴로움에서 도망친 사람, 제멋대로 죽은 사람, 그렇게 죽을 정도라면 약한 사람이라고 생각하는 사람이 많지 않을까 싶은데요. 저도 솔직히 '죽다니!!'라고 막연하게 생각했습니다.

2005년 11월 16일 밤 11시쯤 집 전화가 울리기 전까지는... 행복이 가득했습니다. 죽은 아들은 결혼도 했고, 아이도 낳아 그런대로 출세했고, 남편도 둘째도 나도 건강하고 아픈 적도 없고, 온천여행이다 노래방이다, 손자를 데리고 놀이공원이다, 동물원이다, 매일 행복한 불평불만을 하면서 결혼 35년을 맞이하려던 참입니다. 행복했습니다.

그날 밤은 보름달이었습니다. 갑작스러운 전화... 남편이 전화를 받고, "죽었어!!" "켄이치가!!"하고, 둘째 아들도 일어나 "죽었다고!! 형이?!"라며 쓰러지고 말았습니다. 나의 머릿속은 '죽었어!! 누가, 왜, 큰 애가!!'하며 세 사람은 망연자실한 상태였습니다.(중략)

아들은 이불에 눕혀져 있었어요. 살아있는 것 같은 얼굴, 하지만 차가워진 뺨에 손을 대고, 아들의 피와 내 피를 바꿔 달라고, 그렇게 애원하면서... 차가운 아들의 뺨을 두 손으로 감싸 안고, 내 목숨과 바꿔줘, 지금 당장 나를 죽게 하고 아들을 따뜻하게 살려 내... 라고 아무리 손을 대고 따뜻하게 하려고 해도 차갑고, 차갑고, 전혀 움직이지 않는 아들. 카찬, 카찬. 나를 부르던 아들.

아들이 사망한 해 5월, 타가조(多賀城)시에서 음주운전으로 인한 RV차량 교통사고가 있었죠. 고등학생이 세 명 사망한 대형 사고, 그 사고의 사고처리 담당 계장이 제 아들이었습니다. 4월에 자리를 옮겼는데, 5월에 사고가 났습니다. 그날 쉬는 날이었던 아들은 호출을 받아 나중에 집에서 요양하게 된 10월까지 4개월 반 동안 단 하루도 쉬지 않고 일하게 된 것입니다.

다른 사고도 겹쳐서 산더미 같은 일에 쫓겨간 것입니다. "누군가 도와주면..."이라고 내가 말하면 "모두 다 일이 많아! 내 일이니까 어쩔 수 없어.'라고 몇 번인가 말했습니다. 아무도 도와주지 않고, 봐도 못 본 척하고, 늦은 밤까지 일하다 보면 '일부러 보이려고 한다'라거나 '아직도 못했냐'고 해서 아침 일찍 출근해서 지금 온 것처럼 주변에 신경을 쓰고 일을 하는 것 같았습니다. (중략)

아들의 이야기를 듣고 우리가 정신과를 권유한 것이 9월이었습니다. 그리고 시내 병원에 가서 그는 또 상처를 입었습니다. "다나카 씨, 여기가 이름을 쓰는 곳이에요, 아시겠어요?" "읽을까요..."라고 말했대요. "나 현직 경찰관이에요!!"라고 화를 내고, 정신과를 거부하고, 직장과 가까운 심료내과(心療內科)에 다녔습니다. 10월이 되어 자택 요양이라는 형태를 취했습니다. 그리고 또 그는 집에서 "무슨 생각을 하고 있나요? 어떻게 할 생각이에요? 뒹굴뒹굴 잠만 자고 아이도 안 돌보고 일도 안 하고..."라는 말을 계속 들었고, "미안해요."라고 사과한 아들은 또 비난받고 히스테리에 물건을 던지기도 했습니다. 죽은 직후에 고백을 들었어요. "장모님 죄송합니다, 말씀하시던 것과 반대되는 일을 하고 있었습니다."라고 사과하는 모습에 손자 일도 있으니까 아무 말도 하지 않았다고 생각했습니다. 아들의 휴대전화에 같은 내용의 메일이 수십 통이나 있고, 그에 대한 답장 메일도 있고, 그 내용은 "죄송합니다, 죄송합니다, 열심히 하겠습니다, 조금만 기다려 주세요." 그런 말이 수십 통이나 계속 오가고 있었습니다.

  삶의 마지막 일주일 동안 그는 혼자 아무것도 먹지 않고, 마시지도 않고, 연락을 끊고, 신호를 보냈는데도 계속 무시당했고, 그래도 현관문은 잠그지 않고 마지막 순간 누군가가 멈춰주길 바랐던 걸까요? 한 번이 아니라 몇 번 당긴 흔적이 남아 있었어요. 그의 안경은 눈물의 소금으로 새하얗게 됐습니다. 안경이 하얗게 될 때까지 그는 계속 울다가, 말없이 가 버렸습니다.

아들이 죽은 지 2주가 지나자 이번에는 저를 욕했어요. 며느리와 그 부모에게는 "살인입니다. 아들을 죽인 것은 당신입니다, 교양 없는 여자, 장례식 때 울기만 하고 바보 같은 여자야." 이런저런 많은 욕설을 퍼부었습니다.(중략)

제 아들이 뭔가 나쁜 일을 한 것일까요? 도망친 걸까요? 제멋대로 죽은 걸까요?

일, 병원, 가족, 모두 인간관계입니다. 저를 포함해서 아주 조금의 배려가 있었다면, 도움을 받은 목숨, 살아난 목숨이었을 겁니다.

34년을 산 그는 유골이 되어 우리에게 돌아왔습니다. 우리는 아들의 죽음을 감추려고 생각한 적이 한순간도 없었습니다. 장례식 자리에서 남편은 "아들은 자신의 손으로 생을 마감한 큰 바보야."라고 말했습니다. 소중한 우리 아이의 죽음, 죽었다는 사실만으로 꽉 찼습니다. 죽은 게 전부였어요.

죽음에 차별이 있을까요? 병이나 사고는 말할 수 있는

훌륭한? 그런 죽음이고, 자살은 부끄러운 죽음일까요?
(중략)

"살 수 없어!!" "살아있을 수가 없어!!"라고 절망으로 몰아넣은 것은 무엇일까요. 그 물음을 살아있는 우리가 제대로 받아들이고 착한 사람들이 착하게 살 수 있는 세상으로 만들 책무가 우리에겐 있지 않을까요.

남을 탓하지 않는 것, 사회가 나쁘다면 자신도 그 사회의 일원이라고 자각하고, 사회나 주위에 바뀌었으면 좋겠다가 아니라, 우선 자기 자신을 되돌아보고, 자신이 지금보다 아주 조금의 배려를 가질 수 있다면, 사회는 크게 바뀌게 되는 게 아닐까요.

말할 수 없는 죽음일까요? 죽은 사람들이 살아있는 우리를 보고 있습니다. 말은 중요합니다. 아주 작은 상냥한 말이 사람에게 살 힘을 주고, 오만한 말은 칼보다 마음에 더 깊게 상처를 주고 손을 더럽히지 않고 사람을 죽음으로 몰아갑니다. 완전 범죄의 살인입니다. 언젠가 자신에게 이 문제가 생기지 않을 거라고 누가 장담할 수 있겠어요. 나도 한 일이었습니다. 아들을 잃고 반년 만에 쪽 모임(藍の会, 유가족 자조모임)을 시작했을 때부터 지원이란 돌봄이란 어떤 것인가를 생각하고 있습니다. '지원합니다.'라고 말하는 단체에 통째로 일을 맡겨 물을 흐릴 것

이 아니라 지역 유족의 목소리를 들어주십시오. 생생한 목소리, 현실을, 삶의 현장을 봐주셨으면 합니다.

내 목숨보다 소중한 아들을 구하지 못한 아찔한 인생의 대실패 이야기와 반성과 뉘우침 속에서 밝힌 이야기를 들어보세요. 미야기(宮城)에는 지금 많은 유족들의 목소리가 표출되고 있습니다. 부탁입니다. 무시하거나 못 본 척하지 마세요. 적어도 여기 계신 여러분 한 분 한 분이 조금만, 지금보다 조금만 사람을 생각하는 마음을 가지시면 커다란 자살 예방이 되고 많은 생명을 살릴 것이라고 믿습니다.

슬픔은 회복되지 않습니다. 슬픔과 더불어 살 수 있는 힘을 마음에 갖게 되는 것, 자신의 마음에 영양을, 그것이 긍정적으로 사는 것이라고 생각합니다. 저는 아들이 자랑스럽습니다. 아들은 성실하게 열심히 살았어요. 오늘 감사했습니다.

상당히 길지만 짧게도 느껴지는 이분의 말씀 속에는 아들의 안타까운 죽음과 회한, 죽음과 자살에 대한 새로운 인식, 개인들과 사회에 대한 요구에 이르기까지 자살 유가족이 느끼는 아픔과 그 극복에 관한 놀라운 성찰이 담겨 있습니다.

저는 이분의 연설에서 '미야기(宮城)에는 지금 많은 유족들의 목소리가 표출되고 있다'라는 표현을 눈여겨봅니다. 유가족들이 사회적 외침이 일본 사회를 변화시키는 동력이 되었음을 확인할 수 있는 대목입니다. 이분과 비슷한 성찰을 바탕으로 일본의 자살 유가족의 사회적 외침이 일본 정부의 자살 정책과 사회 전반의 변화를 만든 것입니다.

일본 전국자사유족연락회 회장 다나카 사치코(田中幸子)

그동안 언급한 바 있는 일본 사례에서 얻어야 할 교훈이 하나 더 있습니다. 자살을 줄이기 위해 나선 일본의 시민단체와 일본 정부가 처음부터 자살 유가족을 지원하고, 그들의 목소리를 경청했다는 것을 우리는 주목해야 합니다. 이 책의 첫 부분에서 살펴보았듯이 일본 도쿄에서는 지난 2007년 7월 1일 600여 명의 시민들이 참여한 가운데 〈자살을 '말하는 것이 가능한 죽음'으로!〉라는 주제로 민관합동 심포지엄을 개최했습니다. 이 심포지엄을 시작으로 전국 47개 모든 도도부현(우리나라의 '시도'에 해당하는 광역자치단체)에서 비영리법인 라이프링크(2006년 6월), 자살 유족지원 전국 일주(캐러밴) 실행위원회, 내각부 공동주최로 열렸습니다. 이 전국 일주 심포지엄의 부제가 '자살 유족 지원, 이제 우리가 만듭니다'이었음을 주목할 필요가 있습니다.

모든 광역자치단체 단위에서 펼쳐진 이 심포지엄들이 자살 유가족 지원 네트워크 구축을 위한 민관협의체, 생명 거버넌스(Governance)였던 것입니다. 이런 움직임이 오늘날 자살 유가족 지원의 원동력을 형성한 것입니다.

일본의 자살 유가족들은 유가족 서로의 돌봄과 지원을 넘어 자살 예방과 자살의 원인이 될 수 있는 여러 개인의 문제 해결을 돕는 단체로 활동하고 있습니다. 사회적 역할을 톡톡히 담당하고 있는 것입니다. 그런 속에서 살만한 사회를 만드는 보람과 삶의 의미를 찾고 있습니다.

전국자살 유족연락회(全国自死遺族連絡会) 홈페이지

갑자기 엄청나게 큰 어려움을 당한 자살 유가족 옆에서 함께 있어 주고, 이야기를 경청하고, 고통을 가장 잘 나눌 수 있는 사람은 비슷한 아픔을 경험한 유가족일 것입니다. 자살 유가족을 가장 잘 돌볼 수 있는 것은 당연히 자살 유가족입니다. 또 유가족들이 공개적으로 전하는 메시지는 그 어떤 자살 예방 캠페인보다 강력한 효과가 있습니다.[28]

이런 면에서 우리나라에도 다른 선진국들과 유사한 자살 유가족 지원 네트워크 구축이 절실하게 필요하다고 봅니다. 자살 유가족 자조모임을 직접 운영하면서, 자살

---

[28] EBS 다큐 2016, 〈너무 이른 작별〉

유가족 최초로 게이트키퍼 강사가 되어 자살 예방 활동의 일선에서 고군분투하고 있는 '자살유가족과따뜻한친구들' 김혜정 대표조차도 정부 차원의 지원을 받지 못한 채 긴급히 도움을 요청하는 자살 유가족들을 힘겹게 돌보는 상황입니다. 자살 유가족 자조모임을 이끌어 온 이들 생명운동의 리더들조차도 자살 예방과 자살 유가족 지원에 전념할 수 있도록 하는 지원 체계가 마련되지 않은 상태에 있는 것입니다.

다른 무엇보다도 시급히 갖춰야 할 유가족에 의한 24시간 유가족 상담체계도 거의 갖춰져 있지 않은 것이 우리의 안타까운 현실입니다. 자살 유가족 원스톱 서비스에 참여하고 있는 일부 유가족이 있기는 하지만, 이 서비스의 대부분은 유가족이 아닌 상담 전문인력에 의해 이루어지고 있습니다.

이런 상황의 개선이나 변화는 자살 유가족의 노력만으로는 실현될 수 없습니다. 우리 사회 전반의 변화 노력이 필요합니다.

자살이라는 그 하나로 고인의 삶을 송두리째 부정하고 폄하하는 것을 당연시한다면, 뭔가 하나를 잘못하면 회복의 기회를 주어서는 절대 안 된다고 몰아치는 비정한 공동체라면, 자살 유가족을 돌보기는 고사하고 자의적으로 판단하고 평가하는 것을 아무 일 아니라는 듯이 행하고 있다면, 그 사회는 제대로 된 '민주 사회'나 '포용 사회'라고 할 수 없을 것입니다.

포용 사회로 변화가 이루어지기 위해서는 유가족 개개인의 변화도 있어야겠지만, 유가족을 지원하는 생명운동 단체나 각계의 힘이 모이고 이것이 법 제도나 행정 개선으로 구현돼야 합니다. 국회와 정부, 언론이나 종교계도 힘을 보태야 합니다. 포용 문화의 정착이 이루어져야 우리나라가 진정한 선진사회로 도약하는 것이니까요.

오해하지 마시길 바랍니다. 사회적 외침에 대한 제 글이 자살 유가족 여러분께 운동가가 되시라는 권고의 말씀을 드리는 건 아닙니다. 이런 해외 사례들을 보면서 자살 유가족들이 위축될 필요가 없다는 것, 좀 더 당당해져도 된다는 것을 강조하고 싶을 뿐입니다. 당당해 지셔도 좋습니다. 치유를 위해 보다 적극적으로 나서셔도 됩니다. 어깨를 펴시고 스스로에게, 주변 분들에 대해, 사회에 대해 당당해 지세요.

자살 유가족 여러분의 당당함을 응원합니다.

| 부록 |

주위에서 자살 유가족의 치유 돕기

한 블로그(작성자 '안녕')에 있는 '자살 유가족으로 살아간다는 것은...'을 거의 그대로 옮겨 봅니다. 이 짧은 글에는 자살 유가족으로 살아가는 아픔이 담겨 있습니다. 자살 유가족 주변의 사람들이 아무렇지도 않게, 스쳐 지나가듯 던지는 말들이 유가족들에게 얼마나 깊은 상처를 줄 수 있는지 알 수 있습니다.

동생이 있다고 얘기하면, 동생이 뭐 하는지를 물어봐
  동생이 하늘나라에 갔다고 하면 갑자기 사람들이 미안하다며 급하게 말을 돌리며 분위기가 어색해져.
  그럼 나는 나 때문에 분위기가 이런 것 같아서 괜찮은 척 주제를 바꿔.

그리고 집에 들어오면 그 사람들과 나누면서 썼던 내 에너지들이 고갈되고 다시 만나고 싶지 않아.

그런데 여기까지도 괜찮은데 꼭 그중에 왜 먼저 하늘나라로 갔냐고 물어보는 사람들이 있어. 어디 아파서 그런 거야?

이렇게 시작하며 나를 취조하듯이 물어봐.

끝끝내.

자살이라는 얘기를 듣고 나면

꼭 다들 그렇게 얘기해.

동생이 착했나 봐.

맘이 여린가 봐.

정신과는 다녔어?

죽을 용기가 있으면 살아도 잘 살았을 텐데.

나는 너희들한테 이런 얘기를 듣고 싶지 않아.

그리고 위로도 바라지 않아.

자살이라는 프레임에 씌워진 너희 틀 안에

내 동생의 죽음을 끼워 넣는 것도 싫어.

어느 누군가를 만나서 더 이상의 호구조사는

안 해줬으면 좋겠어.

이게 정말 불편한 사람들이 있거든.

에너지 고갈, 취조, 프레임, 호구조사... 이런 표현들은 이 유가족이 입은 깊은 마음 속 상처가 얼마나 큰가를 나타냅니다. 유가족에 대한 어설픈 위로의 말이 공격으로 받아들여질 수 있고, 깊은 상처를 줄 수도 있음을 깨닫게 합니다. 자살로 사랑하는 사람을 잃은 자살 유가족들은 큰 충격과 고통을 겪게 됩니다. 갑작스러운 죽음이기에 슬픔과 비통의 감정은 더 강렬하고, 복합적이며, 오래 지속될 수 있습니다.

자살 유가족이 겪게 되는 슬픔과 사별은 사람마다 큰 차이가 있고, 상당히 개별적이고 독특합니다. 다른 죽음도 그렇지만, 그 죽음을 되돌릴 수 없기에 자살 유가족의 삶이 이전 상태로 돌아갈 수는 없습니다. 변화된 상황, 다시 말해 사랑하는 사람이 없는 삶에 적응하도록 자살 유가족에게 조금이라도 도움이 되고자 한다면 어떻게 하는 것이 도움이 될까를 차분히 찾아내고 하나씩 실행에 옮겨야겠지요.

무엇보다 중요하고, 도움이 되는 경청

유가족에게 여러분이 친구로서 할 수 있는 가장 중요하고, 도움이 되는 것은 경청입니다. 물론 경청은 함께 할 때 가능한 것입니다. 함께 있어 주는 것이 아니라 함께 있는 것. 들어 주는 것이 아니라 듣는 것이 소중합니다. 유가족들의 감정을 있는 그대로 받아들이는 게 요구됩니다. 그들의 감정이 어떤 것이든지, 또 얼마나 강하고 격한 것이든 존중하고, 이해해야 합니다.

유가족들이 당신에게 하는 말을 섣불리 판단하지 않고, 비판, 편견 없이 적극적으로 듣는 것, 이것이 무엇보다 중요한 출발입니다. 자살을 둘러싼 곱지 않은 시선 때문에, 자살 유가족들은 그들의 이야기를 공개적으로 나누거나 감정을 표현하는 것을 주저합니다. 주위 사람들과 세상 사람들이 자신을 달갑지 않은 시선으로 보고 있을 거라고 느끼는 상황에서 무슨 말이든 한다는 것 자체가 쉽지 않은 것이죠. 자기 보호 본능, 방어적 태도가 나타나는 것은 당연한 일입니다.

이렇게 위축된 상황에 있는 분들에게 안전하게 말할 수 있고, 보호받고 있다고 느낄 수 있는 공간을 마련하는 것도 중요한 일입니다. 단순히 물리적 공간을 말하는 것이 아닙니다. 물리적, 심리적, 시간적인 여건이 골고루 갖춰진 대화의 장을 마련하고 거기서 편안하게 말할 수 있도록 배려해야 한다는 것입니다.

유가족의 친구가 되고, 그에게 도움이 되기 위해서는 자살과 자살자, 자살 유가족에 대한 어떤 선입견도 극복해야만 합니다. 물론 이것이 쉬운 일은 아닙니다. 유가족과 함께하고자 하는 사람들이 자살에 대해 새로운 인식을 하려고 노력하고, 자신을 가르쳐야만 이루어질 수 있는 변화이기 때문입니다. 여러분이 자살에 대해 이런저런 말을 하고 의견을 개진하는 것은 약간 불편한 수준의 일이지만, 사랑하는 사람을 잃은 자살 유가족들은 막연히 생각하는 것보다 훨씬 큰 고통을 견디고 있다는 사실을 늘 유념해야 합니다.

따라서 공감과 연민이 꼭 필요합니다. 공감과 연민을 영어로 표현하면 sympathy인데요, '함께'라는 뜻을 가진 'sym'과 '고통'이라는 의미를 지닌 'pathos'가 그 어원입니다. 공감과 연민은 '내가 당신과 함께 고통을 받는다'라는 마음가짐입니다. 여러분이 무슨 말을 해야 할지 모를 수도 있고, 망설일 수도 있지만, 그런 건 괜찮습니다. 당신의 존재 자체와 공감적 경청이 자살 유가족들이 갈망하고, 가장 필요로 하는 것이니까요.

유가족에게 따뜻한 위로가 되는 말들

보건복지부가 지난 2019년 자살 유가족들을 대상으로 조사해서 발표한 유가족에게 따뜻한 위로가 되는 말은 다음 5가지입니다. 모두 경청과 공감의 언어입니다.

"많이 힘들었겠다."
"네 잘못이 아니야."
"힘들면 실컷 울어도 돼."
"고인도 네가 잘 지내기를 바랄 거야."
"무슨 말을 한들 위로가 될 수 있을까."

자살 유가족의 친구가 되고 싶다면 내가 생각하는 도움이 아니라, 유가족이 필요로 하는 도움을 찾으세요. 도움의 주체는 여러분일지라도, 판단의 기준은 유가족이어야 합니다. 나 중심이 아닌 자살 유가족 중심의 사고방식을 지녀야 합니다. 자살 유가족에게 도움을 주어도 될지, 그리고 어떻게 돕길 바라는지 직접 물어보는 것도 좋습니다.

자살 유가족이 아직 여러분과 고통을 함께 나눌 준비가 되어 있지 않을 수도 있고, 아직은 다른 사람의 도움을 부담스러워하거나, 개인적으로 슬퍼하는 것을 원할 수도 있습니다. 유가족들이 그들의 속도로 이야기할 수 있게 하세요. 우리의 속도나 내 속도가 아니라, 그 유가족의 속도에 맞춰야 합니다. 유가족들은 그들이 다른 사람들의 도움을 받아들일 준비가 되었을 때, 비로소 그것을 여러분과 공유할 것입니다. 그때까지 인내심을 갖고 기다려야 합니다.

때로는 유가족들이 같은 이야기를 반복적으로 할 수 있습니다. 우리에게는 반복이 성가신 일일 수 있지만, 유가족들에게 반복은 치유 과정의 일부입니다. 유가족들은 필요한 만큼 그들의 이야기를 반복해야 합니다. 따라서 때로는 당신은 같은 이야기를 여러 번 들을 수 있어야 합니다.

고인을 이야기할 때 이름을 쓰는 것이 더 좋아

미국의 한 웹사이트에서는 자살로 세상을 떠난 고인을 이야기할 때 '그'나 '그녀' 대신 그 사람의 이름을 사용하라고 권합니다. 유가족의 사랑하는 사람, 그 고인을 '소중한 사람'으로 기억하는 것이기 때문에, 그의 이름을 사용하는 것이 유가족에게 위로와 힘이 될 수 있다는 것입니다. 사소한 것 같지만 중요한 차이가 있습니다. 그것은 바로 자살로 돌아가신 분에 대한 존중의 뜻이 담겨 있기 때문입니다. 고인에 대한 추억과 기억을 나누고 공유하는 것은 유가족의 아픔을 치유하는 데 도움이 될 수 있다는 게 전문가들의 이야기입니다.

자살 유가족의 애도에는 정답이 없습니다. 어딘가에서 무엇을 뽑아내듯 유가족에게서 슬픔과 아픔을 끄집어낸다는 것은 불가능합니다. 유가족 개인마다 애도의 여정, 슬픔을 이겨내는 과정은 각각 다르고 독특할 수밖에 없습니다. 정해진 답이 없을 뿐만 아니라, 옳은 답은 더더욱 없습니다. 유가족들이 어떻게 행동해야 한다는지, 그들이 무엇을 느껴야 한다든지, 혹은 그들이 '지금쯤은' '이제는' 기분이 나아져야 한다고 말하지 마세요. 그것은 가혹행위나 2차 가해가 될 수도 있습니다.

여러분 스스로가 자살 유가족이 아니라면, "나는 당신이 어떻게 느끼는지 안다."와 같은 말은 피하는 게 좋습니다. 심지어는 유가족일지라도 그렇게 이야기하지 않는 게 좋습니다. 물론 여러분이 그들이 어떻게 느낀다고 할 때 공감은 할 수 있습니다. 하지만 안다고 말하는 것은 유가족에게 상처와 반감을 줄 수 있습니다. 물론 자살 유가족 자조모임에서 함께 만나는 유가족들은 자신의 경험과 감정을 표현하고, 유사한 사건을 경험한 다른 유가족들과 공유하는 데 큰 도움이 될 수 있습니다. 이런 경험과 감정의 공유는 유가족들의 치유에 도움이 됩니다. 하지만 유가족 개개인이 느끼는 고유한 정서의 영역이 있다는 것을 인식하는 게 중요하다는 것입니다.

요즘에는 이런 일이 흔하지 않지만, 예전에는 자살 유가족들에 대해 우리 사회가 매우 가혹했습니다. 자살이라는 이유로 교계가 운영하는 공원묘지에 들어갈 수 없다고 통보를 받은 유가족들은 그 아픔을 오래도록 잊지 못하고 있습니다. 지금도 자살이 사인이라고 하면 서둘러 장례를 치르는 것으로 그 책임을 다하기나 한 것처럼 유가족들의 아픔을 돌보는 일은 소홀히 하는 경우가 많습니다. 하지만 약자를 돌보는 것은 사명으로 느끼는 사람이라면 기꺼이 자살 유가족들에게 어깨를 내줘야 합니다.

자살 유가족에게 하지 말아야 할 말과 행동들

자살 유가족에게 하지 말아야 할 말과 행동들이 있습니다. 유가족에게 위로나 격려를 한다면서 위로가 아닌 가해 행위를 할 수도 있다는 데 유의해야 합니다. 유가족들에게 하지 말아야 할 예시는 다음과 같은 것들입니다.

- "빨리 잊어버려." "이젠 그만 잊어." "이제 괜찮아질 때도 됐잖아" 등의 무책임한 격려
- "너는 고인이 그렇게 될 때까지 뭐했어?" "자살을 막을 수는 없었니?" 식의 원인 혹은 책임 추궁
- 고인에 대한 험담
- 피상적인 위로
- "이렇게 해야 해."라는 식의 일방적인 생각이나 의견

을 강요
- "왜 그랬대?" 유가족이 하고 싶지 않은 이야기를 파헤치려 드는 것
- "모든 유가족은 똑같아." "모든 유가족은 정신 치료가 필요해."라는 식의 말이나 행동

유가족들 절대다수가 가까운 친척이나 지인들로부터 위와 같은 경험을 하면서 '2차 피해'를 경험했다고 토로합니다. 이런 가해 행위가 쉽게 일어날 수 있다는 것입니다. 가까운 분들일수록 사려 깊은 말과 행동이 필요하다는 것을 알 수 있습니다.

주변의 자살 유가족이 어려움을 겪고 있음을 알고 있다면 유가족에게 다가가서 관련 정보를 제공하시길 권합니다. 무엇보다 중요한 건 함께 하는 것이지만, 이와 더불어 자살 유가족을 지원하는 다양한 조직과 단체, 프로그램들이 있다는 것을 전하고, 이들에게 이런저런 정보를 제공하는 것도 유가족에게 실질적인 도움이 될 수 있습니다. 자살 유가족에게 소개할 만한 관련 정보들은 다음과 같은 것들입니다.

- (최근에 자살 유가족이 되었다면) 자살 유족 원스톱 서비스

- 함께 삶을 나눌 수 있는 유가족 자조모임이나 온라인 자조모임, 유가족 지원단체
- '얘기함' 등 자살 유가족을 위한 이야기 공간이나 사이버 추모공간
- 자살 유가족의 심리 상담을 지원해 주는 지원 제도

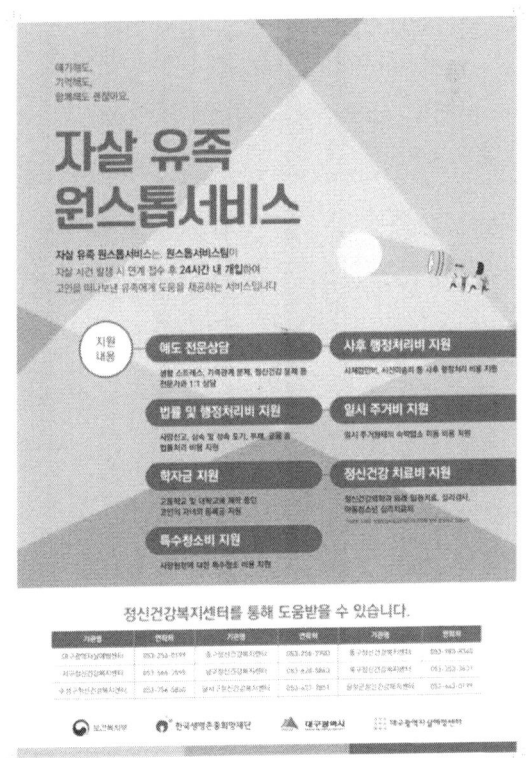

자살 유족 원스톱서비스 안내 홍보물

참고로 정부가 최근 몇 년 사이에 갖춘 자살 유족 원스톱 서비스는 보건복지부, 한국생명존중희망재단, 광역자치단체, 광역자치단체자살예방센터가 주축이 되어 고인을 떠나보낸 자살 유가족에게 도움을 제공하는 서비스입니다. 최근에 자살로 가족과 사별한 유가족에게는 곧바로 도움이 되는 제도로 2024년부터는 전국의 모든 광역자치단체에서 시행되고 있습니다.

자살 상황이 발생하면 광역정신건강복지센터 소속의 원스톱 지원팀이 24시간 응급출동을 하여 초기 심리지원을 제공하고, 애도 전문상담, 법률 및 행정처리, 일시주거비 지원 등으로 유가족에게 서비스를 제공하여 건강한 일상으로 복귀할 수 있도록 다방면으로 지원하게 됩니다.